AMANUENSE

Sérgio Santos Rodrigues

Futebol S.A.

Reflexões históricas, jurídicas e econômicas de quem liderou a criação da primeira SAF do Brasil

1ª EDIÇÃO
SÃO PAULO • 2023

AMANUENSE

Edição: Rodrigo Haidar
Revisão: Edson Furmankiewicz
Projeto gráfico e diagramação: Luciana Huber

Dados Internacionais de Catalogação na Publicação (CIP)
(Câmara Brasileira do Livro, SP, Brasil)

Rodrigues, Sérgio Santos
Futebol S.A. : reflexões históricas, jurídicas e econômicas de quem liderou a criação da primeira SAF do Brasil / Sérgio Santos Rodrigues. -- São Paulo : Amanuense, 2023.

Bibliografia.
ISBN 978-65-80788-19-4

1. Economia - Brasil 2. Esportes - Administração 3. Esportes - Leis e legislação - Brasil 4. Futebol - Brasil 5. Sociedade Anônima de Futebol (SAF) I. Título.

23-169302 CDD-796.334

Índices para catálogo sistemático:
1. Futebol : Economia : Esportes 796.334
Eliane de Freitas Leite - Bibliotecária - CRB 8/8415

AMANUENSE

Amanuense Livros Ltda.
Rua Nilo 241, Sala 02 – CEP 01533-010 São Paulo SP
contato@amanuense.com.br
www.amanuense.com.br

À Fernanda

Poucas palavras, simples,
que representam muito em
sua brevidade: Sem você nada
disso seria possível.
Obrigado, eu te amo!

SUMÁRIO

PREFÁCIO

O futebol é um dos fenômenos mais interessantes e dinâmicos da sociedade brasileira. Desde sua introdução no Brasil por Charles Miller, no final do século XIX, esse esporte amoldou-se às nossas características culturais e tornou-se um dos mais expressivos elementos da nossa cultura. Ao longo do século XX, o futebol se firmou como o esporte mais popular do mundo e passou por diversos processos de aperfeiçoamento técnico e de organização institucional.

Foi com muita satisfação que aceitei a incumbência de elaborar o prefácio deste livro, que tem como foco a análise do impacto da Lei nº 14.193, de 2021, conhecida como Lei da SAF, no campo futebolístico. A Lei da SAF é fruto do PL 5.516/2019, de minha autoria, que tramitou no Congresso Nacional ao longo dos anos de 2019, 2020 e 2021, quando enfim foi aprovado. Já na condição de Presidente do Senado Federal, fiz questão de conferir celeridade ao projeto, por entender que se tratava de uma inovação importante no ordenamento jurídico nacional. Diante desse contexto, a proposta da presente obra, que consiste na divulgação de análises sobre a legislação relativa ao novo modelo empresarial do mundo do futebol, é muito bem-vinda.

O livro percorre alguns temas fundamentais nos debates jurídicos e econômicos relacionados ao futebol na atualidade: de uma caracterização inicial da indústria esportiva e sua relevância econômica em escala global, segue para uma breve análise da implantação do modelo das sociedades anônimas do futebol em outros países. Ao adentrar o caso brasileiro, apresenta a evolução do marco legal referente ao clube-empresa para, em seguida, explicar, de forma clara e objetiva, a concepção geral da Lei da SAF, seus aspectos jurídicos e desdobramentos econômicos.

O autor, Sérgio Santos Rodrigues, é presidente do Cruzeiro Esporte Clube, um dos mais importantes clubes de futebol do Brasil. Na condição de gestor, conduziu o clube no processo de adesão ao formato jurídico e empresarial instituído pela nova legislação. Sérgio Santos Rodrigues é advogado com sólida formação acadêmica, com ênfase nos estudos de gestão de entidades desportivas. Com sua vasta experiência no ramo, o autor deste livro colaborou para a elaboração do texto final aprovado na tramitação do PL 5.516/2019, que deu origem à Lei da SAF. De fato, Sérgio Santos Rodrigues participou ativamente das inúmeras reuniões promovidas pelo Relator do projeto de lei no Senado Federal, Senador Carlos Portinho, compartilhando seu enorme conhecimento sobre gestão esportiva do futebol, junto ao Poder Legislativo em busca de uma verdadeira revolução legislativa que impulsionasse o futebol brasileiro.

Como sabemos, a transição de uma estrutura tradicional de governança para um modelo clube-empresa, sob a modalidade de sociedade anônima, não é simples. O Cruzeiro tornou-se a primeira Sociedade Anônima do Futebol e o resultado tem sido muito proveitoso: vemos o clube se reerguendo e reconquistando seu lugar de relevância no cenário futebolístico nacional.

A Sociedade Anônima do Futebol no Brasil: Reflexões Históricas, Jurídicas e Econômicas é um livro escrito em linguagem simples e direta. Pela riqueza de suas informações e pelas análises que apresenta, será extremamente útil aos especialistas, sem deixar de ser acessível àqueles que se iniciam no tema.

Para quem ainda não tem a dimensão da potência econômica do esporte, em escala mundial, o autor traz informações minuciosas e impactantes. A caracterização do futebol como um grande negócio, como destaca o autor, é essencial para a compreensão de toda uma dinâmica ocorrida nos campos da cultura esportiva brasileira. E, consequentemente, para a percepção da complexidade do tema no âmbito jurídico e legislativo.

Note-se que, não obstante o foco do livro serem as temáticas econômicas e jurídicas relacionadas ao futebol, a obra não passa ao largo de questionamentos próprios de um debate cultural, sociológico e filosófico sobre as práticas esportivas. De fato, para além dos temas jurídicos e econômicos, o autor discorre, de maneira crítica, sobre o espírito esportivo dos atletas, aborda os interesses econômicos que circundam a atividade e reafirma o caráter social e cultural do fenômeno esportivo.

Aliás, no decorrer da tramitação da proposição legislativa que resultou na Lei da SAF, foi possível perceber que essas eram as grandes questões de fundo. Para além de soluções que abarcassem a complexidade das relações econômicas e jurídicas em que o futebol se vê envolvido nos tempos de hoje, era preciso encontrar soluções condizentes com a grandiosidade do fenômeno cultural que ele representa.

Não pode haver qualquer alteração do regime jurídico, no que concerne ao fenômeno futebolístico no Brasil, que não leve em consideração o lugar que esse esporte ocupa no coração de cada brasileiro!

O futebol é um componente fundamental da identidade nacional. Debater o futebol é discutir temas fundamentais da nossa formação histórica. Dessa forma, o Congresso Nacional tem tratado com muito zelo e responsabilidade as questões relativas à organização das entidades que estão na base da organização desse importante fenômeno social e econômico. E esta obra, que tenho a honra de prefaciar, contribui significativamente para a compreensão da importância desse esporte que tanto nos mobiliza e emociona.

Rodrigo Otávio Soares Pacheco
Presidente do Senado Federal e do Congresso Nacional
Senador por Minas Gerais

INTRODUÇÃO

A criação da Sociedade Anônima do Futebol (SAF) no Brasil atende a um interesse antigo de toda a comunidade que espera mais organização, transparência e profissionalismo do esporte no país. Infelizmente, vem muito depois de o instituto já ter se tornado uma realidade em outras grandes potências do futebol, destacando-se, a título de exemplo, que as Sociedades Anônimas do Futebol foram regulamentadas na Itália em 1981, na França em 1984, na Espanha em 1990 e em Portugal em 1996.

Não difere, porém, de várias boas práticas da modalidade que se iniciaram na Europa e demoraram, às vezes, mais de 15 anos para chegar por aqui. O licenciamento de clubes, importante instrumento de moralização do desporto, começou a ser implementado pela UEFA na década de 2000[1]; no Brasil, até começou-se a falar disso por volta de 2015, mas até hoje não é uma realidade totalmente implementada no país. A exigência de licença para técnicos poderem comandar suas equipes – que varia conforme a divisão e a categoria – já existe na Europa há anos, sendo famoso o caso de Zinedine Zidane, que não pôde assumir a equipe principal do Real Madrid em certo momento por não ter a licença; já no Brasil os primeiros cursos para técnico feitos pela CBF remontam à década de 2010. Ainda, e talvez a mais relevante das medidas já praticadas na Europa, há o *fair play* financeiro, que evita que o dinheiro seja despejado nos clubes sem lastro e proíbe gastar mais

1 Sobre o tema, vale ler o artigo "Licenciamento de clubes da UEFA e fair play financeiro", de Rafael Khaddour Santangelo, publicado na Revista Brasileira de Direito Desportivo, ano 12, volume 23, jan a jun/2013, págs. 399/410.

do que se arrecada; enquanto isso, no Brasil, mesmo com dívidas bilionárias e salários atrasados, os clubes contratam e pagam altos salários para ter jogadores de renome.

O reconhecimento da importância da gestão no esporte também foi muito tardio. Se os cursos de gestão desportiva são uma realidade fora do Brasil há tempos, aqui, o primeiro Curso de Gestão de Futebol ministrado pela CBF foi em 2015, não por acaso logo após o fatídico 7 a 1 na Copa do Mundo de 2014, fazendo valer a máxima que na vida as grandes mudanças se dão pela dor ou pelo amor. Neste caso, foi necessário sentir na pele um desempenho desportivo ruim – até mesmo humilhante – para reconhecer que o futebol vai muito além das quatro linhas, contrariando o longo histórico brasileiro de dirigentes "intuição", chamados por muito de "raiz" – ou seja, aqueles que acham que entendem de futebol porque vivem dentro do clube e assistem a jogos toda semana. Na dor vimos que as coisas não são tão simples assim...

Hoje, vemos nossos principais atletas serem vendidos aos 16 ou 17 anos para virarem estrelas no exterior. Vini Jr. e Rodrygo saíram por menos de 50 milhões de euros e hoje têm valores incalculáveis. O Campeonato Brasileiro da 1ª divisão tem quase a metade de seus técnicos estrangeiros (número que pode ser diferente no momento em que você ler este texto), situação que há 15 anos seria inimaginável. Nada contra eles, pelo contrário. Têm mostrado resultados excelentes, mas é uma pena que o outrora chamado "país do futebol" não esteja, em sentido contrário, exportando técnicos também.

Há ainda a dificuldade em captar recursos de formas distintas do padrão "direitos de TV-patrocínio-bilheteria", responsáveis pela maior fatia do total de arrecadação dos clubes. Um método que foi muito utilizado anteriormente, embora criticado por alguns, era o "fatiamento" ou venda de direitos dos atletas a investidores, chamado *Third Party Ownership – TPO*, proibido pela FIFA há alguns anos[2].

Nesse contexto, a Lei da SAF (LSAF) vem em um momento que o modelo associativo adotado pela maioria dos clubes no país mostrou-se muito falho, o que pode ser facilmente constatado pelas dívidas bilionárias que os assolam. Estudo da consultoria Ernst&Young, de maio de 2022[3], aponta que as dívidas somadas dos clubes brasileiros ultrapassavam R$ 10 bilhões ao fim de 2021, sendo que entre 2016 e 2020 o crescimento foi de 63%.

Isso mostra que por aqui esqueceu-se de virar a chave para entender que o futebol é um (grande) negócio, que movimenta bilhões em todo o mundo e é muito mais do que simplesmente paixão, motivo pelo qual deve ser visto e administrado como empresa, e não como simples objeto de paixão e devoção dos torcedores. O saudoso jusdesportista Álvaro Melo Filho, referência mundial no tema, já resumia bem a evolução do esporte em uma simples frase: *do ócio ao negócio*. Se no início a prática desportiva era mero lazer, hoje ela é uma indústria imensa, que envolve empregos, impostos, patrocínios, direitos de televisão, turismo etc.

Assim, nenhum tipo societário se amolda melhor às palavras *mercado* e *negócio* que a sociedade anônima, regulada no ordenamento jurídico brasileiro pela Lei 6.404/1976. Bastava, portanto, criar a espécie sociedade anônima do futebol, para tratar de forma especial algumas peculiaridades que o setor merece, sobretudo em relação à transição a ser feita de associações para SAFs, com a devida atenção às assombrosas dívidas daquelas.

---

2 Sobre o tema, vale ler o artigo "Considerações sobre o terceiro investidor (e o seu fim) no futebol", de Eduardo Leardini Petter e Pedro Arruda Alvim Wambier, publicado na Revista Brasileira de Direito Desportivo, ano 14, volume 27, jan a jun/2015, pgs. 81/98.

3 https://www.ey.com/pt_br/media-entertainment/levantamento-financeiro-dos-clubes-brasileiros-2020. Acesso em 23/11/2022.

Respondendo a uma questão constantemente feita, entendemos que a LSAF, por si só, não é a salvação do futebol brasileiro, mas, sem dúvida, é um grande passo para a profissionalização e moralização da modalidade. Lado outro, foi essencial para a sobrevivência de clubes como Cruzeiro, Botafogo e Vasco, os primeiros considerados grandes a adotar o modelo quase imediatamente após a entrada em vigência da lei por estarem em situação administrativo-financeira caótica e sem muitas outras opções para superar a imensa crise.

Analisaremos, portanto, alguns aspectos históricos, legislativos, jurídicos e econômicos da LSAF, fazendo reflexões sobre estes pontos a partir de uma visão de dentro, de quem viveu as dificuldades da gestão desportiva e enxergou na SAF uma luz para a resolução de alguns problemas imediatos e uma esperança para solução definitiva de outros problemas.

Adiante relatarei alguns detalhes que me levaram a chegar a essa conclusão diante da peculiaridade vivida como presidente do Cruzeiro Esporte Clube no pior momento desportivo e financeiro da sua história, experiência única de grande aprendizado, porque viver os problemas diretamente é muito diferente de analisá-los *de fora*, sem que eles tenham qualquer impacto direto em sua vida.

Assim, por ter formação jurídica e ter me dedicado também à gestão e a áreas da economia, optei por trazer uma visão maior do que somente a jurídica, com simples análise da lei. O livro tratará de aspectos práticos do caminho que levou à constituição da primeira SAF do Brasil, diante de tantas adversidades internas e externas, sobretudo a crise mundial de saúde causada pela COVID-19 que, por consequência, também gerou drásticas consequências econômicas.

Com menos preocupação em relação ao tecnicismo e mais com a disseminação de importantes informações e estudos, seguem reflexões para contribuir para o desenvolvimento e consolidação da SAF, importante instrumento para evolução do futebol brasileiro.

1

A INDÚSTRIA DO ESPORTE E POR QUE O FUTEBOL É UM (GRANDE) NEGÓCIO

Antes de falar de SAF, importante contextualizar a transformação da natureza do esporte ao longo do tempo para ratificar a conclusão de que, embora a paixão seja predominante neste meio, o capital hoje tem papel preponderante para sua consolidação e expansão.

Embora existam algumas divergências para explicar a evolução histórica do esporte, aplicamos aquela que divide a atividade em três épocas principais: esporte antigo (até 1800), esporte moderno (até a década de 1970) e esporte contemporâneo, vigente até hoje.

O primeiro momento, denominado *antigo*, tem como elemento principal a ausência de interesse econômico e competitividade, sendo marcas principais da época a diversão ou necessidade. Havia os jogos praticados para passar tempo, considerados até mesmo brincadeiras, bem como aqueles que tiveram a prática iniciada por questão de sobrevivência – corrida ou caça (arco e flecha e tiro, posteriormente) – ou preparação para guerras, tais quais as lutas em geral, esgrima, dentre outros.

Já havia, porém, um forte elemento político atrelado ao esporte, valendo como exemplos o tradicional "pão e circo" praticado pelo Imperador Otávio Augusto na Roma Antiga, bem retratado no filme *O Gladiador* estrelado por Russel Crowe, e também a suspensão dos Jogos Olímpicos em 393 d.C. pelo Imperador Teodósio, por considerar o evento um culto pagão.

Em seguida, evolui-se para o esporte moderno, quando se começa a introduzir a medição de resultados e comparação de performance dos atletas – elemento competitivo – e quando há a consolidação do capitalismo, com início do elemento econômico junto ao esporte, consequência das revoluções Industrial (1760/1830) e Burguesa (1789).

Em 1860 tem-se o início da organização institucional das principais modalidades[4] até que, em 1885, surge a *Union Cycliste Internationale*, que foi o primeiro esboço de entidade desportiva supranacional organizada. Em 1896 são realizados os primeiros Jogos Olímpicos da Era Moderna, uma competição amadora cujo principal objetivo, por mais pleonasmo que possa parecer, era meramente competir e não ter a obsessão por atingir o 1º lugar e derrotar os adversários. Em 1904 surge aquela que hoje é a maior entidade desportiva do mundo: a FIFA (*Fédération Internationale de Football Association*), sediada em Zurique, na Suíça, e que hoje possui 205 membros, mais que a própria Organização das Nações Unidas (ONU).

A evolução das edições dos Jogos Olímpicos também revela essas características do esporte moderno, merecendo destaque os seguintes fatos. Em 1912, Estocolmo (Suécia), começou a cronometragem eletrônica. Em 1928, Amsterdã (Holanda), a Coca-Cola estreia como patrocinadora do evento. Em 1932, Los Angeles (EUA), utilizou-se o *photo finish* e a contagem de milésimos de segundo para apuração do resultado final; o TELEX transmitia os resultados em tempo real e, pela primeira vez, os Jogos obtiveram lucro. Em 1960, Roma (Itália), houve a transmissão ao vivo para alguns países da Europa e com atraso para EUA, Canadá e Japão; os direitos de transmissão foram vendidos

4 Inclusive a primeira entidade do futebol foi a inglesa Football Association, criada em 1863, que acabou levando ao país o título de inventor do esporte, embora hoje já se reconheça que a origem da modalidade se deu na China, como bem relatado por Rowan Simons no livro "Traves de Bambu", da Ed. Record.

por US$ 1 milhão. Em 1964, Tóquio (Japão), computadores e sensores foram colocados nas bordas das piscinas. Em 1968, na Cidade do México (México), aplicaram-se os primeiros exames antidoping. Em 1984, Los Angeles (EUA), exatamente na transição para o esporte contemporâneo, foi feito o maior e mais caro evento desportivo do mundo, que acabou gerando lucro de US$ 220 milhões.

Neste período, ainda, vale registrar que os atletas em geral não tinham grandes salários. Certamente alguns já viviam do esporte, mas longe de alcançar as cifras que são aplicadas hoje se comparados os ganhos de atletas com outras profissões.

ATLETAS MAIS BEM PAGOS DO MUNDO

Atleta	Ingresso no MPF	Ganho Total (em dólares)	Ganho em campo	Ganho fora de campo
Cristiano Ronaldo	Futebol	136 milhões	46 milhões	90 milhões
Lionel Messi	Futebol	130 milhões	65 milhões	65 milhões
Kylian Mbappé	Futebol	120 milhões	100 milhões	20 milhões
Lebron James	Basquete	119,5 milhões	44,5 milhões	75 milhões
Canelo Álvarez	Boxe	110 milhões	100 milhões	10 milhões
Dustin Johnson	Golfe	107 milhões	102 milhões	5 milhões
Phil Mickelson	Golfe	106 milhões	104 milhões	2 milhões
Stephen Curry	Basquete	100,4 milhões	48,4 milhões	52 milhões
Roger Federer	Tênis	95,1 milhões	100 mil	95 milhões
Kevin Durant	Basquete	89,1 milhões	44,1 milhões	45 milhões

Fonte: Revista Forbes, disponível em: https://forbes.com.br/forbes-money/2023/05/lista-da-forbes-os-10-atletas-mais-bem-pagos-do-mundo-2023/

O esporte contemporâneo vem lastreado em dois fortes aspectos: humano e econômico. A Carta Internacional de Educação Física e Esporte da UNESCO, de 1978, pela primeira vez classifica o esporte como *um direito de todos,* expressão que acabou sendo repetida ou inspirando alguns textos constitucionais e infraconstitucionais pelo mundo, inclusive a Constituição da República Brasileira de 1988 que, no artigo 217, preconiza ser *dever do Estado fomentar práticas desportivas formais e não-formais.*

Pode parecer uma simples frase, mas ao classificar-se o esporte como um *direito* naturalmente gera-se uma obrigatoriedade dos Estados de incluí-lo em suas prioridades de política pública, sobretudo por reconhecer seu caráter educacional, de promoção da saúde e de inclusão social.

No âmbito econômico há uma clara evolução do desporto-competição para o desporto de alto rendimento, que gera duas consequências: para os atletas, que passam a viver com exclusividade da prática e são cada vez mais dedicados à melhora de performance; e para os eventos desportivos em geral, que passam a conter o elemento espetáculo, sendo precisa a palavra inglesa *sportainment* para definir este novo momento em que esporte e entretenimento se misturam e às vezes até mesmo se confundem.

Assim, o modo como as equipes e as competições são organizadas mudam. O mercado de compra e venda de times de várias modalidades pelo mundo inicia e se consolida cada vez mais, sendo certo que, hoje, alguns valem mais que grandes empresas (v. quadro ao final do capítulo). Por consequência, as pessoas passam a querer mais ainda ver o esporte e sua exposição gera direitos de transmissão, atinge um nível global e chega até mesmo a alterar as regras de algumas modalidades para que sua transmissão seja mais possível e plausível para a televisão.

Vide o exemplo do MMA (*Mixed Martial Arts*) cujo primeiro evento de repercussão foi o UFC (*Ultimate Fighting Championship*) iniciado em 1993 e reunindo lutadores de diversas modalidades que faziam três lutas por noite, sem limite de peso e de tempo, para ver quem prevalecia ao fim. A modalidade, que foi muito questionada pela violência antes de ser reconhecida como esporte, precisou adaptar essas regras para ser transmitida pela TV, já que eventos sem limite de tempo não têm como entrar na grade de programação. Ainda, lutadores exaustos e sangrando ao longo da noite poderiam não ser atrativos como um programa de família para a televisão, de forma que, paulatinamente, as lutas passaram a ter limite de tempo, rounds definidos, uso de luvas e com uma luta por noite somente por cada lutador. Hoje, o UFC é uma organização avaliada em US$ 12,1 bilhões e acabou de comprar a WWE (*World Wrestling Entertainment*) companhia que explora a luta livre, formando um grupo avaliado, no total, em mais de US$ 21 bilhões[5].

No que tange a equipes esportivas, estudo da Revista Forbes publicado em setembro de 2022[6] indica que as 50 mais valiosas do mundo valiam à época US$ 222,7 bilhões – mais de R$ 1 trilhão na cotação de abril de 2023 – tendo um crescimento de 30% em relação a 2021. O Top 10 ficou da seguinte forma:

AS 10 MAIS VALIOSAS EQUIPES ESPORTIVAS DO MUNDO

Equipe	Liga	País	Valor de mercado (em dólares)	Crescimento em 5 anos
Dallas Cowboys	NFL	EUA	8 bilhões	67%
New England Patriots	NFL	EUA	6,4 bilhões	73%
Los Angeles Rams	NFL	EUA	6,2 bilhões	107%
New York Yankees	MLB	EUA	6 bilhões	62%
New York Giants	NFL	EUA	6 bilhões	82%
New York Knicks	NBA	EUA	5,8 bilhões	76%
Chicago Bears	NFL	EUA	5,8 bilhões	104%
Golden State Warriors	NBA	EUA	5,6 bilhões	115%
Washington Commanders	NFL	EUA	5,6 bilhões	81%
Los Angeles Lakers	NBA	EUA	5,5 bilhões	83%

5 Disponível em: https://www.cnnbrasil.com.br/esportes/empresa-dona-do-ufc-compra-wwe-e-forma-gigante-de-r-106-bilhoes/

6 Disponível em: https://forbes.com.br/forbes-money/2022/09/os-10-times-esportivos-mais-valiosos-do-mundo-em-2022/

Destaques para alguns dados relevantes que extraímos deste quadro e do estudo de uma forma geral, que não está todo transcrito, mas cujo link de remissão encontra-se nas notas de rodapé. O primeiro e mais notável é que todas as equipes mais valiosas do mundo estão nos Estados Unidos e pertencem a esportes que estão longe de ser os mais populares, o que demonstra que um mercado organizado que fomenta a competitividade acaba tornando-se atrativo, além do fato de o país praticar o *sportainment* de forma profunda, sendo os jogos de qualquer modalidade uma verdadeira celebração e festa por parte até mesmo da torcida do time perdedor.

A NFL (*National Football League*) possui 32 times e ocupa o Top 3 do ranking. A liga tem, ainda, tem 6 times no Top 10; 13 no Top 20; e 30 no Top 50. Ou seja, ocupa 60% da lista, de forma que seu modelo, chamado por alguns de *socialista* por incentivar a divisão de receitas, mostra-se acertado e mais adequado ao mercado desportivo. Tem, ainda, a maior arrecadação e a maior média de público de um campeonato, provando que transmitir um jogo não prejudica a ida ao estádio; basta tornar este último ato algo prazeroso, e sempre haverá público para consumir o esporte, tanto presencial, quanto remotamente.

Fazendo um paralelo com o futebol tradicional, objeto principal da análise, lembramos que em 2013 (menos de 10 anos antes da publicação da lista), o Top 3 era formado por 3 equipes da modalidade: Real Madrid, Manchester United e Barcelona. Assim, ao longo do tempo, vê-se que um esporte muito mais popular e difundido pelo mundo vem perdendo espaço no aspecto econômico, o que deve servir de alerta. A publicação mais recente envolvendo os times mais valiosos da modalidade indica[7]:

7 Disponível em: https://forbes.com.br/forbes-money/2022/05/os-times-de-futebol-mais-valiosos-do-mundo-de-2022-real-madrid-lidera/

AS 10 MAIS VALIOSAS EQUIPES DE FUTEBOL

Equipe	País	Valor de mercado (em dólares)	Crescimento em 1 ano
Real Madrid	Espanha	5,1 bilhões	7%
Barcelona	Espanha	5,1 bilhões	5%
Manchester United	Inglaterra	4,6 bilhões	10%
Liverpool	Inglaterra	4,4 bilhões	9%
Bayern de Munique	Alemanha	4,2 bilhões	1%
Manchester City	Inglaterra	4,2 bilhões	6%
Paris Saint Germain	França	3,2 bilhões	28%
Chelsea	Inglaterra	3,1 bilhões	-3%
Juventus	Itália	2,4 bilhões	26%
Tottenham Hotspur	Inglaterra	2,3 bilhões	2%

O crescimento econômico dos times de ligas americanas leva, porém, a uma reflexão que acaba sendo muito debatida quando se iniciou o debate da SAF no Brasil: a mercantilização do esporte retira seu espírito esportivo? O dinheiro deve ou pode se sobrepor à paixão e às características históricas essenciais de uma equipe?

Nas ligas norte-americanas é comum, por exemplo, um time (que tem a natureza jurídica de franquia) ser comprado e levado para outra cidade ou até mesmo para outro Estado. Isso seria possível no futebol? Imagine-se comprar o Flamengo, time de maior torcida no Brasil, e levá-lo para São Paulo; ou levar o Corinthians, que tem a segunda maior torcida, para Mato Grosso do Sul. Certamente seriam decisões polêmicas, mas a LSAF trouxe mecanismos de proteção a tais operações, conforme veremos em momento oportuno.

Fato é que, no fim, em um mundo capitalista o mercado acaba ditando as regras e se regula. Se o futebol tem esse elemento paixão mais aguçado do que outras modalidades, está demonstrado por números – que não mentem – que, embora esteja crescendo, está perdendo espaço para outros esportes, vide a comparação dos rankings acima. Logo, a concorrência, mais que entre os próprios clubes, está com outros esportes, embora a indústria do futebol ainda seja gigante.

Para os que trabalham e gostam do esporte, portanto, o grande papel é conciliar os desejos do mercado com esse amor que o futebol provoca para que o crescimento continue de forma sólida e sem perda de espaço no cenário geral. Por isso, a LSAF é salutar para o que o Brasil dê este próximo passo de entrada no mercado do global do futebol e, consequentemente, do esporte.

Certamente haverá pedras nesse caminho, mas assim como um bebê engatinha antes de andar, temos que ir aprendendo aos poucos com essa "novidade" que é a mercantilização de uma paixão nacional e adaptando à realidade local o que o mundo pratica. Como sempre, não será fácil, mas não devemos ter medo do desconhecido; pelo contrário, temos que explorar o desconhecido e, ainda que errando muito, buscar a excelência.

2

ANÁLISE GERAL DAS SOCIEDADES ANÔNIMAS DE FUTEBOL NO MUNDO

O objetivo destas reflexões não é esgotar o tema título deste capítulo, que merece ser, como já foi, tema de longos e competentes estudos específicos, dentre os quais indicamos a obra do professor Felipe Falcone, intitulada *Clube-empresa: Modelo brasileiro para transformação dos clubes do futebol em sociedades empresárias*. Por ora pretendemos fazer somente uma abordagem perfunctória à guisa de comparação e ilustração do instituto. O primeiro e importante contexto é buscar o gatilho dessa necessidade de mudança de parâmetro no futebol europeu, que Felipe Falcone bem resumiu ao afirmar que[8]:

Em termos gerais, mas não absolutos, os motivos para a mudança de estrutura organizativa e de gestão dos clubes europeus teve como gatilho a insustentável situação financeira – em grande parte fruto de uma gestão amadora e irresponsável – e os escândalos administrativos e com a manipulação de resultados esportivos ocorrida na década de 1980.

Nada diferente do que já ocorria no Brasil, entretanto, demoramos mais de quatro décadas para caminhar no sentido escolhido pela Itália em 1981, ao editar, em 23 de março daquele ano, a Lei 91, que ficou marcada como a primeira norma europeia a abordar as sociedades desportivas,

8 Em Direito Desportivo Exclusivo: perspectivas contemporâneas. Artigo: *E o clube empresa?* P. 339

regulamentando a relação entre as entidades de prática desportiva e os atletas profissionais de futebol.

Em 1996, 15 anos depois, veio a obrigação da transformação das associações em empresas, bem como o estabelecimento de meta de lucro para as empresas desportivas. No ano seguinte, em 1997, aprovou-se o regulamento que apresentaria ao futebol italiano o mercado de capitais. Atualmente, boa parte dos grandes times italianos da Série A são controlados por grupos estrangeiros, sobretudo americanos, que comandam o Milan (Elliott Management Corporation), a Roma (Dan Friedkin), a Atalanta (Stephen Pagliuca) e a Fiorentina (Rocco Comisso), dentre outros. Já a multicampeã Inter de Milão pertence à multinacional chinesa Suning.

A França regulamentou o tema em julho de 1984 com a edição da Lei 84-610, chamada *Lei Avice*, que obrigou a criação de uma sociedade anônima para a associação que participar em caráter habitual de competições desportivas com entradas pagas das quais resultarem receitas superiores a determinado montante e que empregar jogadores remunerados em valor maior do que determinado limite. Após diversas alterações, compilaram-se todas as normas desportivas francesas em um Código do Desporto, que passou a regular esses limites e valores, prevalecendo, hoje, três modelos societários principais no país: *i)* empresa unipessoal de responsabilidade limitada (EUSRL); *ii)* sociedade de fim desportivo (SAOS); *iii)* sociedade anônima desportiva profissional (SASP). No país, destaca-se um dos clubes-empresa mais badalados do mundo, o Paris Saint Germain, adquirido pela Qatar Sports Investiment (QSI) em 2011 e que constantemente busca levar estrelas mundiais para o time.

Na década de 1990, Espanha (em 1990) e Portugal (em 1995) caminharam no mesmo rumo e também precisaram editar novas normas para aperfeiçoar seu sistema ao longo do tempo, prevalecendo em ambos os países hoje as denominadas SADs, ou Sociedades Anônimas Desportivas. Em Portugal, o Decreto-Lei 146, de 21/6/95, regulamentou as sociedades empresariais desportivas pela primeira vez; após a edição de novas normas em 1997 e 1999 chegou-se ao texto do Decreto-Lei 10/2013, vigente até hoje, que determina ser obrigatório adotar a SAD ou sociedade desportiva unipessoal por quotas (SDUQ) para participar das ligas profissionais esportivas. A QSI também iniciou seus investimentos em Portugal em 2022, tendo adquirido 21,67% do capital social do Braga, considerado a "quarta força" do país após os tradicionais Porto, Benfica e Sporting.

Já na Espanha, a primeira norma – Lei 10/90 – foi alterada duas vezes em 1999 e mais uma em 2001. A particularidade é que o sistema por lá adotado permitiu uma brecha para salvaguardar alguns clubes, o que acabou por permitir que Osasuna, Athletic Bilbao, Granada, Real Madri e Barcelona permanecessem como associações civis, sendo que os dois últimos são os únicos gigantes do futebol mundial que ainda adotam este modelo. O terceiro time mais popular do país, Atlético de Madrid, adota o modelo empresarial e tem como um dos acionistas o grupo israelense Quantum Pacific Group.

O modelo alemão, assim como o inglês, não possui legislação específica sobre o tema, tendo seus clubes sido criados tradicionalmente como associações e, posteriormente, transformado o departamento de futebol em sociedades empresárias. A grande peculiaridade é a consagração da regra do "50+1", criada pela Liga Alemã, que estabelece que para obter a licença para disputar o campeonato o clube deve ter a maioria do direito de voto – 50% mais 1 voto. Assim, por exemplo, a composição acionária do Bayern de Munique é[9]:

COMPOSIÇÃO ACIONÁRIA DO BAYERN DE MUNIQUE

FC Bayern München eV	75 %
adidas AG	8.33 %
AUDI AG	8.33 %
Allianz SE	8.33 %

Trazendo essa realidade à América do Sul, destaca-se o pioneirismo do Chile no continente ao editar, em 2005, a Lei Nacional 20.019, que regulamentou as Empresas Esportivas Profissionais, aplicando-se a Lei Societária 18.046/81 em caráter subsidiário, tal qual acabou ocorrendo no Brasil. Em 2007, inclusive, a tradicional equipe do Colo-Colo, que havia transferido para a *Blanco y Negro S/A (BYN)* a incumbência de gerir seus ativos, abriu capital na bolsa de Santiago. Já na Colômbia, em 2011, a Lei 1.445 modificou a Lei 181/95 e introduziu em seu ordenamento jurídico a figura da SAD.

Vistos os exemplos pelo mundo, de forma geral, mais do que mudança de gestão e profissionalização, um grande impacto que se nota da adoção das sociedades anônimas no futebol é o caminho de mercado e negócios que é intrínseco a este modelo. Isto é, quando se fala de sociedades anônimas naturalmente já se pensa em estruturas organizacionais mais complexas e preparadas para captar de recursos no mercado.

Na Inglaterra, por exemplo, nunca houve lei para regulamentar o assunto, sendo que os clubes tradicionalmente já se organizavam como empresas e, não por acaso, com

9 https://fcbayern.com/es/club/company/teaser-stockholder

essa visão de mercado, foi lá que o primeiro clube do mundo passou a ter ações negociadas em bolsa de valores.

Em 1983, o Tottenham Hotspur estreou na *London Stock of Exchange*, negociando 3,8 milhões de ações em seu IPO. Assim, abriu as portas para vários outros que enxergaram nesse mercado uma possibilidade de capitalização. Diversos clubes seguiram esse caminho e, hoje, dentre outros, citamos os gigantes Manchester United (Inglaterra), Juventus (Itália), Borussia Dortmund (Alemanha), Ajax (Holanda), Roma (Itália), Celtic (Escócia) e Benfica (Portugal). Existe, também, o *STOXX Europe Footbball Index*, índice da bolsa Dow Jones composto por clubes europeus com ações na bolsa, evidenciando-se que esse mercado está em franco crescimento e, esperamos, possa chegar ao Brasil.

Exemplificando a variedade de modelos societários existentes pelo mundo, citamos alguns dos grandes clubes e sua natureza jurídica constitutiva:

DIFERENTES MODELOS SOCIETÁRIOS DE CLUBES

Clube	País	Tipo societário
Manchester United	Inglaterra	Public Limited Company
Real Madrid	Espanha	Associação
Paris Saint-Germain	França	Sociedade Anônima Desportiva Profissional (SASP)
Chelsea	Inglaterra	Private Limited Company
Bayern Munique	Alemanha	Sociedade Anônima
Borussia Dortumund	Alemanha	Sociedades em Comandita por Ações
Juventus	Itália	Societa per Azioni – SpA
Atlético de Madrid	Espanha	Sociedade Anônima Desportiva
Galatasaray	Turquia	Sociedade Anônima

Embora achemos que a abertura de capital na bolsa de valores ainda seja uma realidade um pouco distante para os clubes no Brasil, não deixa de ser uma alternativa no médio prazo. São necessárias maturidade de gestão e governança maior que poucos têm atualmente, como o

Flamengo, que desde 2013 vem adotando uma postura austera na gestão equilibrando suas receitas e despesas.

Todavia, como a lei é muito nova, com o passar do tempo espera-se que esse momento chegue até mesmo para que os clubes tenham a oportunidade de captar recursos sem vender participação para outros grupos, possibilitando, inclusive, que os próprios torcedores sejam investidores. É um caminho que se revelará no momento certo diante do ambiente do mercado. Como, naturalmente, aconteceu no exterior.

3

PERÍODO PRÉ-SAF NO BRASIL: HISTÓRICO LEGISLATIVO DO CLUBE-EMPRESA E CASOS CONCRETOS

A discussão sobre os chamados clubes-empresas no Brasil precede muito à criação da SAF, remetendo ao ano de 1993, quando a Lei 8.672 – apelidada de Lei Zico – estabeleceu a facultatividade da adoção do regime empresarial pelos clubes.

Em seguida, adveio a denominada Lei Pelé – Lei 9.615/98 – ou Lei Geral sobre Desportos (LGSD), que revogou a legislação de 1993 sobre o tema e, neste assunto específico, tornou obrigatória a finalidade econômica dos clubes de futebol, seja por meio de sociedades civis com este fim ou por meio de sociedades comerciais permitidas pelo ordenamento jurídico no momento. Ainda, obrigou que tal mudança deveria ocorrer até o dia 25 de março de 2000, prazo este prolongado por mais um ano pela Lei 9.940/99.

Por se tratar de matéria polêmica, sobretudo pela obrigatoriedade da transformação dos clubes em empresas – debate que, como veremos, se reativou na discussão da LSAF – após diversas alterações na LGSD, a Lei 9.981/2000 reestabeleceu a facultatividade da conversão dos clubes em empresas.

Após quase dois anos de calmaria no cenário normativo desportivo, o governo volta a regular o tema, em 2002, através da Medida Provisória 39, que alterou o caput do art. 27 da LGSD para, em suma, estabelecer que os clubes e ligas que não constituíssem sociedade comercial ou não contratassem uma para administrar suas atividades profissionais equiparar-se-iam às sociedades de fato ou irregulares, na forma da lei comercial.

Esta MP foi rejeitada no Congresso em novembro de 2002 e causou a edição, ainda no mesmo ano, de nova Medida Provisória (de número 79), que acabou sendo convertida em 2003 na Lei 10.672, que flexibilizou a natureza jurídica a ser adotada pelos clubes e ligas, mas estabeleceu possíveis sanções aos dirigentes, inclusive com sujeição dos seus bens particulares.

Como medida para moralizar o desporto criou diversas normas com consequências amplamente debatidas na doutrina à época, mas que na prática se mostraram inúteis. Contudo, no que tange ao objeto de discussão que nos interessa – o modelo empresarial dos clubes de futebol – simplesmente retornou à faculdade ou não de adotá-lo.

Como bem resumido por Eduardo Carlezzo[10], *"em 10 anos, 6 normas sobre a mesma matéria! É difícil achar uma área jurídica que em tão pouco tempo tenha sido tão exaustivamente legislada quanto a do Direito Desportivo, mais especificamente em relação às entidades de prática desportiva".*

Desta forma, o cipoal de normas criadas para tentar implementar o clube-empresa no Brasil só contribuiu para que ninguém quisesse adotar o modelo. Primeiro, pela insegurança jurídica de tantas alterações legislativas que, no fim, mais confundiram do que contribuíram para o tema. Em segundo lugar, porque talvez o principal problema não tenha sido pensado à época e, como veremos, foi a grande inteligência da LSAF: o que fazer com as dívidas – então milionárias e hoje bilionárias – dos clubes?

---

10 Direito Desportivo Empresaria, p. 62.

Antes de responder a essa questão, analisaremos alguns casos concretos de clubes-empresas ou clubes geridos com finalidade econômica no Brasil no período pré-SAF.

1992 | PALMEIRAS e PARMALAT

O modelo de cogestão do Departamento de Futebol feito pela empresa Parmalat S/A com o Palmeiras no início da década de 1990 é o marco para início de investimentos no futebol com visão de lucro em grandes clubes.

De uma marca de laticínios de origem italiana, a Parmalat tornou-se referência no futebol brasileiro ao aportar grandes recursos no Palmeiras e construir um dos times de maior sucesso de todos os tempos do clube, conquistando diversos títulos e colocando lado a lado atletas de referência do futebol nacional. No ano seguinte, a empresa inclusive passou a adotar o mesmo modelo com o Esporte Clube Juventude de Caxias do Sul/RS e com o Paulista de Jundiaí, que passou a se chamar Etti, outra marca do Grupo Parmalat.

O problema veio exatamente com o fim da parceria já que, enquanto ela existiu, privilegiou-se as grandes contratações para o time profissional e houve pouco investimento na base. Logo, com o fim do aporte financeiro, a equipe passou por grandes dificuldades que, acumuladas, levaram o Palmeiras ao seu primeiro rebaixamento do Campeonato Brasileiro no ano de 2002.

1998 | VASCO E NATIONS BANK

Após ser campeão brasileiro em 1997, o Vasco assinou em abril de 2008 com o Nations Bank (posteriormente chamado Bank of America) uma parceria de 10 anos para exploração da marca do clube com objetivo de aumentar o faturamento para R$ 150 milhões anuais.

Os investimentos no futebol trouxeram relevantes títulos, como a Libertadores de 1998, o Rio-São Paulo de 1999 e o Brasileirão e a Copa Mercosul de 2000. Entretanto, visando tornar-se também uma potência olímpica, o Vasco passou a gastar grandes quantias na contratação de atletas de diversas modalidades antes das Olimpíadas de Sidney, em 2000.

Nomes como Gustavo Borges (natação), Robert Scheidt (Vela) e Rodrigo Pessoa (hipismo), dentre outros, deram visibilidade ao clube, mas sem retorno financeiro. Assim, iniciaram-se as divergências e os repasses pararam de ser feitos, culminando com o rompimento do contrato em 2001, somente três anos após sua assinatura.

A discussão tornou-se briga jurídica e foi preponderante para causar problemas administrativos e financeiros para o clube cruzmaltino que, poucos anos depois, em 2008, acabou amargando seu primeiro rebaixamento no Campeonato Brasileiro.

1998 | BAHIA S/A

Os dois principais times baianos praticamente juntos, no ano de 1998, adotaram um modelo até então inédito no país, criando suas respectivas sociedades anônimas para administrar o futebol em sociedade com instituições financeiras – o Vitória S/A com o Banco Excel e o Esporte Clube Bahia S/A com o Banco Opportunity.

O caso do Bahia coincidiu com o momento após a queda do time para a série B do Campeonato Brasileiro em 1997. A nova empresa pertencia 51% à Liga do Futebol (empresa de propriedade do banco) e 49% ao clube, com previsão de manutenção da parceria por 25 anos. Embora tenha sido campeão baiano no primeiro ano, no âmbito nacional o sucesso desportivo não veio e o clube permaneceu na série B até o ano de 2000, quando foi convidado para disputar a

Copa João Havelange, obtendo desta forma seu acesso, tal qual o conhecido caso do carioca Fluminense.

Em 2003, porém, veio novo rebaixamento para a série B e, em 2005, a queda para a série C. Desta forma, diante do insucesso desportivo do modelo, em 2006 a parceria foi desfeita, deixando uma grande dívida ao Bahia que chegou, inclusive, a ter intervenção judicial decretada no ano de 2013.

1999 | CRUZEIRO E HMTF

Em outubro de 1999, Cruzeiro Esporte Clube e o fundo de investimento Hicks, Muse, Tate & Furst (HMTF) estabeleceram um modelo de negócio pelo qual criaram uma empresa chamada Cruzeiro Licenciamento, sendo 51% do clube e 49% do fundo.

Foram repassados R$ 20 milhões, a título de adiantamento, ao time mineiro para contratações. O dinheiro trouxe, entre outros, o ídolo Sorin, do River Plate da Argentina, por US$ 5 milhões, até então a contratação mais cara da história do clube.

Em campo, o Cruzeiro foi Campeão da Copa do Brasil em 2000. Fora dele, com o dinheiro do fundo, aumentou seu patrimônio imobiliário ao construir a sede administrativa do clube e finalizar a Toca da Raposa 2, reconhecido como o Centro de Treinamento mais moderno do país à época.

Prevista para durar por 10 anos (até 2009), a parceria acabou sendo desfeita bem antes, em 2002, por divergências nos investimentos e na condução dos trabalhos. O Cruzeiro foi dos poucos clubes que, mesmo com o fim desse modelo de negócio, não passou por turbulências; pelo contrário, em 2003 conquistou a inédita Tríplice

Coroa no Brasil, sagrando-se campeão do Campeonato Mineiro, da Copa do Brasil de forma invicta e do Campeonato Brasileiro, com recorde pontos e gols marcados na mesma competição.

1999 | FLAMENGO E ISL

A ISL, uma das maiores empresas de marketing desportivo do mundo, selou sua parceria com o time de maior torcida do Brasil no final de 1999, pelo prazo de 15 anos, no valor total de US$ 80 milhões, dos quais metade deveria ser investida no futebol.

Foram contratados grandes nomes como Alex, Edilson e Gamarra. Entretanto, as contratações não foram suficientes para gerar resultados efetivos em razão de problemas administrativos (incluindo atraso de salários). Desta forma, somente 15 meses após a celebração, a parceria foi desfeita. E, para piorar a situação, a ISL teve sua falência decretada na Suíça, deixando o Flamengo com grandes dívidas.

A crise acarretou ainda, um ano depois, em julho de 2002, o impeachment do presidente Edmundo Santos Silva e muitos anos de instabilidade financeira. Embora tenha conseguido ganhar alguns títulos, o Flamengo só começou a atingir a sustentabilidade que vive hoje a partir de 2013, com a entrada do então presidente Bandeira de Mello, que ficou marcado pela gestão administrativa eficiente e possibilitou ao clube hoje ter o recorde de arrecadação do futebol brasileiro.

1999 | CORINTHIANS E HMTF
2005 | CORINTHIANS E MSI

O Corinthians passou por dois momentos distintos de investimentos por empresas estrangeiras: o fundo HMTF (mesmo do Cruzeiro), em 1999, e a empresa MSI em 2005.

Naquele, o modelo foi bem parecido com o do clube mineiro: criou-se a empresa Corinthians Licenciamento Ltda., com 85% das cotas para o fundo e 15% para o clube.

Previu-se investimento inicial superior a US$ 60 milhões, divididos entre pagamento de dívidas e contratações que, feitas em grande volume, levaram o time ao título mundial de clubes no ano de 2000. Mesmo com esse sucesso, a parceria foi desfeita em 2002, já que os retornos do fundo não ocorreram conforme esperado. Algumas pendências permaneceram até 2007, quando as partes celebraram acordo para encerrar as discussões.

Em 2004, dois anos após romper com a HMTF, o clube paulista assinou com a Media Sports Investment (MSI), empresa londrina representada pelo iraniano Kia Joorabchian no Brasil, um contrato de controle do departamento de futebol pelo prazo de 10 anos, que permitiu fazer à época, dentre várias outras, a contratação mais cara da história do futebol brasileiro: a do argentino Carlos Tevez, do Boca Juniors.

O elenco reforçado ganhou o Campeonato Brasileiro de 2005, mas, em razão de investigações sobre a origem do dinheiro que entrava no Corinthians e de desentendimentos entre clube e empresa, a parceria foi desfeita em 2006. Um ano depois, em 2 de dezembro de 2007, o clube sofreu seu primeiro rebaixamento no Campeonato Brasileiro.

2019 | BRAGANTINO E RED BULL

O modelo Red Bull de fazer negócios no futebol é um tanto quanto peculiar. Isto porque, apesar de serem geridos como empresa, seus clubes não têm como objetivo gerar lucro, mas sim divulgar a marca (marketing) através de bom desempenho desportivo com um modelo pré-definido:

contratações de jogadores novos, estilo de jogo intenso, técnicos novos, infraestrutura moderna, valorização da base, dentre outros.

Com vários clubes no mundo, no Brasil a empresa começou com um time que, apesar de conseguir relativo sucesso no Estado de São Paulo, não conseguia sair da série D do Brasileirão. Assim, no início de 2019, a Red Bull comprou o tradicional Bragantino, então na série B, com investimento previsto de R$ 45 milhões.

Já em seu primeiro ano, o Red Bull Bragantino foi campeão da 2ª divisão e conseguiu o acesso com relativa facilidade, permanecendo desde então na série A e colecionando resultados expressivos, como classificação para a Libertadores da América e a disputa da final da Copa Sul Americana em 2021, que acabou perdendo para o Athletico Paranaense.

Curioso é que, apesar da natureza jurídica empresarial, após a edição da Lei da SAF o clube optou por não mudar para este tipo societário diante das peculiaridades de sua gestão, objetivos e forma de fazer seus investimentos.

Além destes casos que envolvem clubes de maior torcida, citamos, por Felipe Falcone[11], outros clubes que se organizaram como sociedades empresárias ao longo do tempo no Brasil, no período pré-SAF (tabela ao lado).

Vistos estes exemplos, antes de responder à questão anteriormente posta, vale frisar que a conclusão óbvia de todos os casos – exceto o do Red Bull Bragantino – é a de que os clubes tiveram financiadores para gastar dinheiro, e não parceiros para construir uma gestão sólida e com propósito de crescimento sustentável.

---

11 *In Clube-empresa: modelo brasileiro para transformação dos clubes de futebol em sociedades empresárias*, p. 266.

EXEMPLOS DE CLUBES-EMPRESA NO PERÍODO PRÉ-SAF

Clube/Empresa	Fundação	Sede	CNPJ
União São João S/A	15/04/1994	Araras/SP	74.641.630/0001-81
CFZ do Rio Sociedade Esportiva Ltda	22/07/1996	Rio de Janeiro/RJ	01.448.592/0001-71
Guaratinguetá Futebol Ltda	08/10/1999	Guaratingueta /SP	03.448.780/0001-25
(Grêmio Barueri) Grêmio Prudente Futebol Ltda	15/07/2008	Barueri /SP	10.209.830/0001-87
Ferroviária Futebol S/A	03/12/2003	Araraquara /SP	06.020.811/0001-30
Ricanato Futebol Clube EIRELI - ME	14/12/2000	Palmas/TO	04.195.940/0001-34
Brasiliense Futebol Clube S/C Ltda	01/08/2000	Brasília/DF	03.962.415/0001-34
Paulista Futebol Clube Ltda	16/04/1998	Jundiai/SP	02.471.562/0001-49
Olé Brasil Futebol Clube S/A	23/04/2007	Ribeirão Preto/SP	08.811.363/0001-19
J. Maluceli Futebol S/A	21/09/1998	Curitiba/PR	02.799.411/0001-14
Desportivo Brasil Participações Ltda	09/11/2005	Porto Feliz/SP	07.695.300/0001-81
Red Bull Futebol e Entretenimento Ltda	19/11/2007	Campinas/SP	09.216.837/0001-47

Daí o acerto da lei ao responder ao questionamento: não basta o investidor colocar dinheiro para fazer grandes times e ganhar títulos; é necessário um projeto de gestão conjunto, pois, caso as dívidas não sejam pagas, o investidor será responsável por ela ao longo do tempo, conforme veremos na análise mais detalhada desse ponto.

Assim, ao mesmo tempo em que se compra um clube sem sucessão de dívidas, em princípio, no Brasil, isto não quer dizer que o problema foi jogado para debaixo do tapete. Pelo contrário, ele estará lado a lado com a gestão da SAF e vai aparecer toda vez que a SAF não tratar dele corretamente. Por isso acreditamos que o modelo atual é correto e, diferentemente do que assistimos no passado, foi feito para durar no tempo, privilegiar os bons gestores e punir os maus, trazendo responsabilidade direta àqueles que gerirem os clubes de forma equivocada. Vejamos, portanto, o caminho percorrido até a efetiva sanção da LSAF.

4

A LEI DA SAF NO BRASIL: DA CRIAÇÃO À SANÇÃO

A primeira e necessária explicação sobre a LSAF é retirar do senso geral, como acabou ampla e equivocadamente divulgado, que a lei regula o chamado clube-empresa no Brasil. Clubes-empresas já existiam antes de agosto de 2021, conforme visto no capítulo anterior.

O que a LSAF fez foi introduzir no ordenamento jurídico brasileiro uma espécie nova do gênero sociedade anônima, possibilitando inclusive que os clubes-empresas já existentes mudassem sua natureza jurídica para a nova modalidade, o que acabou ocorrendo com o Cuiabá, que se tornou SAF, e não ocorrendo com o Red Bull Bragantino, que continuou sendo sociedade empresária limitada por entender que era o melhor modelo para o clube.

Quando o assunto se tornou pauta mais recorrente no Brasil, havia dois projetos de lei distintos em trâmite no Congresso Nacional: um de autoria do deputado federal Otávio Leite (RJ) e relatado pelo deputado Pedro Paulo (RJ) – PL 5.082/16 – na Câmara dos Deputados, e outro de autoria do senador Rodrigo Pacheco (MG) e relatado pelo senador Carlos Portinho (RJ) – PL 5.516/2019 – no Senado Federal.

Em princípio, as grandes discussões giravam em torno daquele que tramitava na Câmara. O projeto era mais amplo, exacerbava o tema da SAF e abrangia outros aspectos como refinanciamento das dívidas dos clubes, novo modelo de recuperação judicial para as entidades desportivas, dentre outros. Assim, sendo mais abrangente, naturalmente seria mais difícil sua aprovação, pois dependeria de muito mais debate, enquanto no Senado o PL simplesmente criava a SAF no Brasil, em um texto de 36 artigos.

Importante relatar um pouco da experiência pessoal que passei à frente do Cruzeiro Esporte Clube no momento de debate sobre a LSAF, já que, de certa forma, as histórias se confundem.

Era junho de 2020 quando assumi a Presidência do clube mineiro no pior momento da sua história. Em dezembro de 2019, após o rebaixamento do clube à série B do Brasileirão pela primeira vez, a diretoria responsável pelo maior desastre desportivo e financeiro do Cruzeiro renunciou e um Comitê Gestor assumiu temporariamente a direção até a realização das eleições para um mandato tampão até o fim de 2020.

Nesse meio tempo, em março de 2020, chega ao Brasil de forma mais contundente o surto mundial da COVID-19, acarretando o fechamento de tudo e isolamento total da população, suspendendo, naturalmente, a realização dos jogos de futebol no país.

Dessa forma, em 21 de maio de 2020, fui eleito para ocupar a Presidência do clube até 31 de dezembro do mesmo ano, tomando posse no dia 1º de junho em meio a esse cenário catastrófico: sem a prática do futebol, atividade fim da instituição – para piorar, sem sequer previsão do reinício das partidas; dívida total bilionária e quase R$ 50 milhões a vencer em curtíssimo prazo, decorrentes de condenações impostas pela FIFA por não pagamento de débitos a clubes estrangeiros; início do Campeonato Brasileiro da série B com menos 6 pontos, decorrentes de punição aplicada pela própria FIFA pelo não pagamento de uma dessas dívidas; pela primeira vez, um clube dos chamados grandes que foi rebaixado não teria a chamada *cláusula guarda-chuva,* que permitia jogar o primeiro ano da 2ª divisão com os mesmos direitos de TV recebidos no ano anterior, o que causava um impacto no orçamento de mais de R$ 60 milhões; tudo isso somado a outros problemas trabalhistas, tributários e políticos.

ALGUMAS DÍVIDAS DO CRUZEIRO EM MAIO DE 2020

Credor	Vencimento	Valor estimado do débito (sem juros e multa)	Origem da dívida
FC Zorya	28/05/2020	950.000 EUR	Aquisição do atacante Willian Bigode
Al Wahda FC	31/08/2020	850.000 EUR	Aquisição do volante Denilson
Club Tigres	01/10/2020	3.000.000 USD	Aquisição do atacante Rafael Sobis
Club Independiente Del Valle	28/08/2020	2.125.000 USD	Aquisição do zagueiro Caicedo
Defensor Sporting Club	01/09/2020	1.151.500 EUR	Aquisição do meia Arrascaeta
Club Atletico Monarcas Morelia	01/09/2020	1.145.000 USD	Aquisição do atacante Riascos
Spartak Moscow	05/08/2020	400.000 EUR	Aquisição do atacante Pedro Rocha
Pyramids	01/12/2021	3.300.000 USD	Aquisição do meia Rodriguinho
FC Zorya	30/10/2020	1.150.000 EUR	Outra parcela aquisição Willian Bigode

Assim, à medida que íamos tomando ciência da magnitude dos problemas do clube, o que acabou sendo feito no meio do mandato porque não houve tempo para fazer *due dilligence* prévia, não havia dúvidas que só a LSAF seria a saída definitiva, já que seria impossível captar no mercado o volume de recursos financeiros necessário se não fosse vendendo o clube ou parte dele. E, obviamente, ninguém compraria um clube à luz da legislação anterior, sobretudo por causa do risco de sucessão nas dívidas bilionárias.

Ilustrando no caso concreto essa afirmação, em novembro de 2020 fizemos um encontro virtual com alguns sócios torcedores do Cruzeiro de uma categoria especial que se mostravam preocupados com a grande possibilidade de o time não subir para a série A do Brasileirão naquele momento e com o futuro do clube diante desse cenário. Afirmei, então, que o acesso – embora fosse o que todos queríamos, obviamente – à 1ª divisão estava longe de ser a solução para o Cruzeiro, até mesmo porque ele viria acompanhado de uma grande necessidade de investimento para permanecer na série A, e o clube não teria recursos para isso já que convivia não só com bloqueios contínuos, mas com grandes dívidas a vencer perante os órgãos julgadores da FIFA. Dívidas que, se não fossem pagas, gerariam punições que impediriam o registro de novos jogadores.

Logo, reforcei que a única definitiva saída para o Cruzeiro seria trabalhar na tramitação mais célere da LSAF e na preparação do clube para eventual investimento, independentemente do resultado desportivo, sendo certo que, ao permanecer na 2ª divisão, seu valor de venda seria menor que o esperado por todos.

Nesse contexto, analisando os projetos de lei em trâmite sobre a SAF, constatou-se que o do Senado seria o mais apropriado para trabalhar diante da necessidade premente de ter a lei em vigor para efetivamente salvar não só do Cruzeiro, mas outros clubes, como Botafogo e Vasco, que acabaram adotando o modelo rapidamente.

O presidente do Senado, Rodrigo Pacheco, autor do projeto de lei que se transformou na LSAF, levou a relatoria do PL ao senador Carlos Portinho, do Rio de Janeiro, que assumiu mandato após a trágica morte do senador Arolde de Oliveira, de quem era suplente, vítima da COVID-19, em outubro de 2020. O senador Portinho já era (e ainda é) um prestigiado advogado no ramo do Direito Desportivo, com ampla atuação perante os Tribunais de Justiça Desportiva para diversos clubes – foi, inclusive, advogado do Cruzeiro perante o Superior Tribunal de Justiça Desportiva.

Com seu tradicional espírito republicano, o senador Portinho comandou dezenas de reuniões com todos possíveis interessados na lei, tanto virtual como presencialmente, em um momento extremamente delicado que o mundo vivia. Tive o prazer de acompanhá-lo em alguns desses debates, quando as questões mais polêmicas levantadas giravam em torno dos temas: obrigatoriedade da conversão em SAF, sucessão das dívidas e aspectos tributários da lei, a serem ajustados não só com os clubes, mas com o governo federal – mais especificamente, com o Ministério da Fazenda.

Os clubes, sobretudo os mais interessados, também se uniram formando grupos de discussão no *WhatsApp* e contratando assessoria em Brasília para acompanhar este e outros importantes projetos, através do competente Marcelo Moraes, com intensa mobilização perante os parlamentares de cada Estado para dar prioridade a este fundamental projeto de lei.

O grande problema era conciliar os diversos interesses e fazer com que um projeto, que em tese não teria tanta relevância, tramitasse com urgência e com o rito especial criado pelo Congresso Nacional em meio a uma situação de saúde emergencial, no Brasil e em todo mundo. A mobilização e a boa vontade dos parlamentares, entendendo que este projeto era fundamental para a sobrevivência de vários clubes do país, foram fundamentais para que o projeto fosse pautado e votado no Senado Federal no dia 10 de junho de 2021, uma quinta-feira, já sob a Presidência do relator do PL, Senador Rodrigo Pacheco.

Com os senadores Carlos Portinho e Wellington Fagundes em visita à CBF

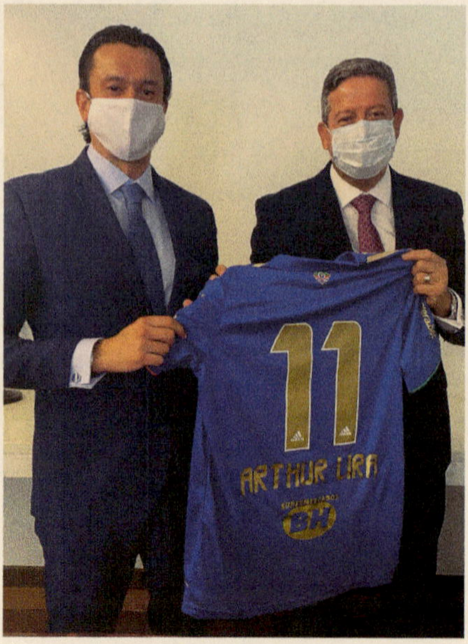

Visita ao presidente da Câmara dos Deputados, Arthur Lira, e ao presidente do Senado, Rodrigo Pacheco, para discutir a importância e a urgência da SAF no Brasil

Em um sistema bicameral, uma coisa é ter um projeto aprovado no Senado, com 81 parlamentares. Outra, muito mais difícil, é na Câmara dos Deputados, com 513 deputados federais. O desafio, então, estava na mobilização destes parlamentares para não deixar o projeto morrer ou "entrar na fila", sobretudo porque, como citado anteriormente, havia um projeto análogo na casa de autoria de um deputado.

Foi, então, designado como relator na Câmara dos Deputados o deputado Fred Costa, mineiro, apaixonado por futebol e ciente da importância da celeridade na tramitação do projeto. Este foi o momento em que tivemos certeza de que tudo caminharia bem; dois parlamentares ótimos relatores do projeto porque compreendiam a importância da SAF para o futebol brasileiro.

A aprovação só foi possível graças ao esforço de vários deputados, dentre os quais não posso deixar de citar aqueles para quem pedi empenho pessoalmente em Minas Gerais: Diego Andrade (PSD), Zé Silva (SDD), Luis Tibe (AVA), Rodrigo de Castro (DEM), Paulo Abi-Ackel (PSDB) e Marcelo Aro (PP) – além de todos os outros para quem os vários dirigentes de clube do país pediram. A primeira vitória foi dar o rito de urgência ao PL da SAF, permitindo que a proposta fosse a plenário diretamente, sem passar pelas comissões temáticas, em razão da situação especial do momento.

Uma vez passada essa fase, o presidente da Câmara, Artur Lira, também foi fundamental para pautar o projeto e, no dia 14 de julho de 2021, uma quarta-feira, aprová-lo no plenário da Câmara dos Deputados por 429 a 7, pouco mais de um mês após aprovação no Senado, o que muitos acreditavam que seria impossível em meio ao caos sanitário que o mundo vivia, com milhares de brasileiros morrendo em razão da COVID-19.

Foto da TV Câmara no dia da aprovação da SAF no Plenário

Ao ir para a sanção do Planalto, começaram os rumores, que se confirmaram depois, de que a Fazenda e a Economia vetariam a parte tributária da nova lei, alegando que seria configurada renúncia de receita o modelo adotado pela nova norma. Argumento absurdo em nossa opinião, o que também foi amplamente defendido pelos interessados na lei, já que associações sem fins lucrativos (natureza jurídica da maioria dos clubes do Brasil) praticamente não recolhem impostos e o novo modelo, através da SAF, geraria muito mais caixa para o erário (abordaremos tal tema no capítulo sobre os aspectos tributários da LSAF).

Em 6 de agosto de 2021 foi sancionada a Lei 14.193/21, que instituiu a Sociedade Anônima do Futebol e dispôs *sobre normas de constituição, governança, controle e transparência, meios de financiamento da atividade futebolística, tratamento dos passivos das entidades de práticas desportivas e regime tributário específico* e alterou *as Leis nºs 9.615, de 24 de março de 1998, e 10.406, de 10 de janeiro de 2002 (Código Civil).* Houve, contudo, alguns vetos, sendo o principal da parte que tratava regime tributário específico da SAF.

Em 29 de setembro de 2021, segunda-feira, o Senado derrubou parcialmente o veto (VET 43/2021) do presidente da República – manteve o veto a seis dispositivos e derrubou18 deles – de forma que em 6 de outubro de 2021 foi publicado o texto final da lei, prevalecendo o capítulo que versa sobre a parte tributária.

A partir de então, para o mundo jurídico e para o mercado, a SAF passou a existir no Brasil. De forma pioneira, em 29 de novembro de 2021, após várias conversas entre advogados, Junta Comercial, contabilidade e outros atores, o Cruzeiro Esporte Clube anunciou o registro da primeira Sociedade Anônima de Futebol do Brasil, cujos aspectos mercadológicos serão tratados adiante.

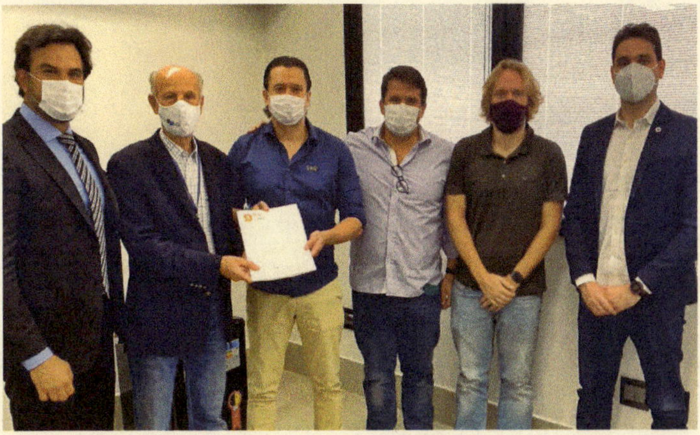

Registro da primeira SAF do Brasil na Junta Comercial de Minas Gerais

Com as portas abertas, diversos outros clubes seguiram o mesmo caminho logo em seguida, com destaque para Botafogo e Vasco que, também em dificuldades financeiras, aceleraram a transformação e venda dos clubes. De acordo com levantamento do Senado, no primeiro ano de vigência da LSAF o Brasil tinha 25 sociedades registradas pelas juntas comerciais do país[12]:

12 Disponível em: https://www12.senado.leg.br/noticias/materias/2022/08/10/um-ano-depois-de-aprovada-lei-das-sociedades-anonimas-de-futebol-tem-balanco-positivo

AS SAFs REGISTRADAS NO PRIMEIRO ANO DA LEI NO BRASIL

AC	Santa Cruz Acre Esporte Clube SAF	PR	Paraná Clube SAF
DF	Gama SAF	PR	Coritiba SAF
GO	Centro Oeste Futebol Clube SAF	PR	Krakatua Futebol SAF
MG	Boston City Futebol Clube Brasil SAF	PR	P8 Futebol SAF
MG	A. C. Esportes SAF	RJ	SAF Botafogo
MG	América Futebol Clube SAF	RJ	Miguel Pereira Esporte Clube SAF
MG	Cruzeiro Esporte Clube SAF	RJ	Vasco da Gama SAF
MG	Itabirito SAF	RN	Clube Laguna SAF
MT	Cuiabá Esporte Clube SAF	RS	Clube Futebol com Vida SAF
MT	Novo Mixto Esporte Clube SAF	SC	Figueirense Futebol Clube SAF
PB	Centro Sportivo Paraibano SAF	SC	Hercílio Luz Futebol Clube SAF
PE	Flamengo Sport Clube de Arcoverde SAF	SP	Pinda Futebol Clube SAF
PR	Maringá Futebol Clube SAF		

Indubitável que este é apenas o começo. Ainda há muita gente com dúvidas sobre a efetividade da lei, seja no âmbito jurídico, seja no aspecto desportivo. Acredito, porém, que é um caminho sem volta, assim como ocorrido em todo mundo e, inevitavelmente, como discutiremos no capítulo oportuno, será o rumo a ser seguido pela maioria dos clubes no Brasil.

Estou certo de que, em alguns anos, muitos vão rememorar este início e agradecer aos esforços dos parlamentares envolvidos na criação e aprovação do projeto, sobretudo, repita-se, em um momento tão difícil para o Brasil e para o mundo.

5
PRINCIPAIS ASPECTOS JURÍDICOS DA LSAF NO BRASIL

Lei enxuta e didática, não há tantos pontos jurídicos polêmicos na LSAF. Assim, optamos por abordar aqui as características gerais da norma, as inovações tributárias trazidas e outros dois temas que, apesar do pouco tempo de vigência da lei, já envolvem discussões mais acaloradas nos tribunais, na doutrina e até mesmo na prática: o instituto do Regime Centralizado de Execuções (RCE) e a não sucessão das dívidas das associações pela SAF, cujos detalhes analisaremos de forma separada.

5.1 CARACTERÍSTICAS GERAIS DA LSAF

O nome Sociedade Anônima do **Futebol** (com destaque) esclarece em sua simples leitura que a lei só serve para esta modalidade, conforme escrito no art. 1º da norma, diferentemente das Sociedades Anônimas Desportivas espanholas e portuguesas, por exemplo. No Cruzeiro, que tem uma equipe de vôlei multicampeã e também mundialmente conhecida, muitos questionavam se a gestão da modalidade também seria transferida aos investidores da SAF. Resposta negativa. As outras modalidades desportivas ficaram com as associações originais, que as exploram da forma como acharem melhor.

As SAFs no Brasil são constituídas através de três formas conhecidas do Direito Empresarial: transformação, cisão ou a iniciativa direta de pessoa natural ou jurídica (art. 2º, I, II e III da LSAF). A maioria dos casos do país veio das duas primeiras opções, sendo a iniciativa direta menos comum; o Itabirito SAF, de Minas Gerais, cujo ato constitutivo data de 25 de maio de 2022, é considerado o primeiro clube a se registrar diretamente dessa forma a disputar um torneio oficial. Em seu primeiro ano, disputou o Campeonato Mineiro Módulo II (equivalente à 3ª divisão do estado) e conseguiu o acesso.

Pelo processo de **transformação** passaram alguns clubes que adotavam a forma empresarial, porém, com outra natureza jurídica. Destacam-se, dentre outros, o Cuiabá, da 1ª divisão do Campeonato Brasileiro, e o Boston City, equipe da cidade de Manhuaçu (MG) – que tem um time irmão em Boston, nos Estados Unidos – recém-criada no Brasil, que disputa o Módulo I do Campeonato Mineiro e fez um grande investimento em infraestrutura na cidade com campos de treinamento, arena multiuso para 12 mil pessoas, espaço para eventos e hotelaria.

A **cisão** já foi o caminho escolhido pelos três grandes times que lideraram a SAF no Brasil: Cruzeiro, Botafogo e Vasco optaram por separar o departamento de futebol (e seus naturais acessórios) e colocá-los sob o guarda-chuva da SAF que, em princípio, era detentora de 100% das ações para, depois, negociar da forma como acharam melhor. Assim, persiste a existência da Associação Esportiva que, além de acionista minoritária da SAF, cuida das atividades sociais dos clubes, bem como de outros esportes, tradicionais nestas instituições, como o caso do vôlei masculino no Cruzeiro e do remo nos clubes cariocas.

Nos casos mais comuns de transformação e cisão, garante a lei no parágrafo 1º do art. 2º que a SAF sucede o clube original nas relações com as entidades de administração, relações contratuais com atletas profissionais de futebol e mantém o direito de participar de campeonatos nas mesmas condições em que se encontrava aquele.

Embora para o mundo empresarial a SAF nasça com o registro do seu estatuto na respectiva junta comercial estadual, para o mundo desportivo isso acontece quando a nova empresa comunica a entidade de administração do desporto este fato, paga a respectiva taxa de mudança e tem efetivado o seu registro perante a federação/confederação. A partir daí a SAF, e não mais a associação, passa a ter assento e direito de voto nas reuniões e assembleias das entidades desportivas. Exemplificando, quem vai votar no presidente da Confederação Brasileira de Futebol nas próximas eleições, no caso do Cruzeiro, será o CEO ou representante da SAF, e não o presidente da Associação Cruzeiro Esporte Clube.

Quanto às competições, a lei brasileira também teve a oportunidade de consertar uma lacuna da legislação portuguesa e proibir que o clube ou pessoa jurídica original participe de competições desportivas ao esclarecer no art. 2º, parágrafo 2º, VI, que:

> VI – o clube ou pessoa jurídica original não poderá participar, direta ou indiretamente, de competições profissionais do futebol, sendo a participação prerrogativa da Sociedade Anônima do Futebol por ele constituída.

Pode parecer esquisito, mas um caso concreto em Portugal despertou essa necessidade: o clube Belenenses constituiu sua Sociedade Anônima Desportiva (SAD) e vendeu 51% das ações para um grupo desportivo do empresário Rui Pedro Soares em 2012. Pouco tempo depois, em 2015, o presidente do clube originário, Patrick Morais de Carvalho, começou a ter divergências com o acionista investidor (majoritário) e tentou inclusive recomprar as ações da SAD, o que foi negado. Iniciou-se então uma briga judicial pelo uso das propriedades da entidade e alguns sócios da associação originária registraram um novo time na Federação Portuguesa de Futebol para disputar a última divisão do campeonato nacional.

Em 2021, o Judiciário português deu razão ao clube/associação[13], afirmando que "*nada impede o Clube de constituir uma nova sociedade desportiva para competir no futebol profissional, assim consiga o mérito desportivo para lá chegar*". Em seguida, em 2022, a segunda instância confirmou a decisão e, resumidamente, decidiu que[14]:

> 1. Reconhece que o Clube já não é accionista da B-SAD, porque a venda da participação social que detinha foi válida.
> 2. Afirma que o nexo identitário entre a B-SAD e o Clube já se quebrou definitivamente.
> 3. Decide que o Clube já não é o clube fundador da B-SAD.
> 4. Decide que a B-SAD já não é a sociedade desportiva de futebol do Clube.
> 5. Decide que o Clube não está condenado a apenas participar nas competições desportivas de futebol profissional através da B-SAD.
> 6. Decide que nada impede o Clube de constituir uma nova sociedade desportiva para competir no futebol profissional, assim consiga o mérito desportivo para lá chegar.

Na mesma esteira, para evitar polêmicas sobretudo com os clubes de grande torcida, a LSAF foi inteligente ao prever um mecanismo de preservação da identidade por parte do clube/pessoa jurídica original que for vendido ao prever que:

> § 4º Além de outras matérias previstas no estatuto da Sociedade Anônima do Futebol, depende da concordância do titular das ações ordinárias da classe A, independentemente do percentual da participação no capital votante ou social, a

13 https://www.dn.pt/desporto/tribunal-da-razao-ao-belenenses-no-litigio-com-o-belenenses-sad-14272875.html

14 https://www.osbelenenses.com/2022/04/tribunal-da-relacao-confirma-belenenses-e-b-sad-nao-tem-qualquer-relacao/

deliberação, em qualquer órgão societário, sobre as seguintes matérias:

I - alteração da denominação;

II - modificação dos signos identificativos da equipe de futebol profissional, incluídos símbolo, brasão, marca, alcunha, hino e cores; e

III - mudança da sede para outro Município.

§ 5º O estatuto da Sociedade Anônima do Futebol constituída por clube ou pessoa jurídica original pode prever outros direitos para o titular das ações ordinárias da classe A.

§ 6º Depende de aprovação prévia do clube ou pessoa jurídica original, que é titular de ações ordinárias da classe A, qualquer alteração no estatuto da Sociedade Anônima do Futebol para modificar, restringir ou subtrair os direitos conferidos por essa classe de ações, ou para extinguir a ação ordinária da classe A.

Como quase tudo que é novo gera medo ou desconfiança, este dispositivo foi essencial para que as primeiras SAFs saíssem do papel. No caso do Cruzeiro esse debate foi marcante perante o Conselho Deliberativo já que o questionamento de muitos era sobre a possibilidade de, ficando a associação somente com 10% das ações, não ter o direito de fazer prevalecer a história centenária do clube caso um investidor quisesse fazer mudanças drásticas em questões históricas como hino e cor, por exemplo. Desta forma, conforme redação clara do *caput* do parágrafo quarto, ainda que a pessoa jurídica original detenha somente uma ação ou 0,1% do capital social da SAF, ela tem o direito de veto sobre essas matérias.

No aspecto prático vale lembrar que, no futebol, mudanças de escudo são comuns e, ainda que enfrentem resistência inicial de torcedores, mostram-se positivas ao longo tempo. No Brasil, há o exemplo recente do Atlético

Paranaense – além de modernizar seu símbolo, mudou a grafia do nome para Athletico e teve boa aceitação dos seus fãs, o que não ocorreu com a tradicional Juventus, da Itália, que em 2017 alterou drasticamente seu escudo e gerou revolta de parte da torcida[15].

Para evitar a formação de carteis do futebol o legislador também se preocupou em regular a participação cruzada de pessoas físicas ou jurídicas em mais de uma SAF. Determina o art. 4º da LSAF que:

> Art. 4. O acionista **controlador** da Sociedade Anônima do Futebol, individual ou integrante de acordo de controle, **não poderá deter participação**, direta ou indireta, em outra Sociedade Anônima do Futebol.
>
> Parágrafo único. O acionista que detiver 10% (dez por cento) ou mais do capital votante ou total da Sociedade Anônima do Futebol, **sem a controlar**, se participar do capital social de outra Sociedade Anônima do Futebol, não terá direito a voz nem a voto nas assembleias gerais, nem poderá participar da administração dessas companhias, diretamente ou por pessoa por ele indicada.

Entendemos como salutar essa medida já que, em determinado momento, duas SAFs dos mesmos acionistas poderiam se enfrentar e criar um conflito de interesses como os que já vimos por diversas vezes na Fórmula 1, com as chamadas "ordens de equipe", quando equipes com dois carros determinavam que um deixasse o outro ultrapassar para potencializar o desempenho do piloto que estava à frente no campeonato ou pedir que um piloto se sacrifique de alguma forma para beneficiar o companheiro.

Casos emblemáticos nesse sentido ocorreram em 2002, quando no GP da Áustria a Ferrari mandou o piloto Rubens Barrichello deixar o colega Michael Schumacher

15 https://veja.abril.com.br/esporte/novo-logo-enfurece-torcedores-da-juventus

ultrapassá-lo na reta final da chegada. E em 2008, no GP de Singapura, quando Nelsinho Piquet bateu de propósito para beneficiar seu companheiro de equipe Fernando Alonso, da Renault. Este último caso, inclusive, acarretou o banimento de Flavio Briatore, chefe da equipe, em julgamento realizado pelo Tribunal da Federação Internacional de Automobilismo. A medida não é saudável para quem sabe que o esporte deve promover uma competição saudável, tanto que a Fórmula 1 passou a banir as "ordens de equipe" explícitas.

No Brasil, nota-se que até poderá haver a participação no quadro acionário de mais de uma SAF, mas com restrições de direito de voto e poder de administração.

Ainda no quesito governança, a LSAF dispõe serem obrigatórios os conselhos de administração e fiscal, também uma exigência da Lei de S/A para as sociedades anônimas em geral. O parágrafo 1º do art. 5º elenca as vedações para comporem estes órgãos, mas, na prática, os clubes originários e as SAFs também podem contribuir para a efetividades desses conselhos.

Na negociação do Cruzeiro, por exemplo, a própria associação pediu para que constasse no contrato de compra e venda das ações que os membros a serem indicados por esta para os conselhos fossem proibidos de ser conselheiros do clube e tivessem notória capacidade para ocupar a cadeira, comprovada através de experiência em outros conselhos de S/A (fechada ou aberta) e, especificamente para o conselho de administração, ter o certificado do Instituto Brasileiro de Governança Corporativa (IBGC) de conselheiro de administração. Nosso objetivo foi, com isso, despolitizar um órgão que precisa ser técnico e, assim, proteger realmente os interesses da associação colocando pessoas aptas a elevar o debate técnico e contribuir efetivamente para a SAF.

Por fim, antes de adentrar nos pontos específicos que serão analisados adiante, destacamos nos aspectos gerais da lei uma modalidade específica de financiamento das SAFs, que são as "debêntures-fut", reguladas pelo art. 26 da LSAF. Instrumento comum já utilizado por sociedades anônimas em geral para captar recurso no mercado, essa modalidade ainda não foi explorada por nenhuma SAF existente até a finalização deste livro (julho de 2023), mas não deixa de ser mais uma possibilidade a ser explorada pelos clubes quando precisarem.

5.2 INOVAÇÕES TRIBUTÁRIAS DA LSAF

No âmbito tributário, a grande novidade e benefício para os clubes que adotem o modelo de SAF é a instituição do facilitado regime de Tributação Específica do Futebol (TEF), que determina o recolhimento mensal, mediante documento único de arrecadação, dos seguintes impostos e contribuições – art. 31, parágrafo 1º:

> I - Imposto sobre a Renda das Pessoas Jurídicas (IRPJ);
> II - Contribuição para os Programas de Integração Social e de Formação do Patrimônio do Servidor Público (Contribuição para o PIS/Pasep);
> III - Contribuição Social sobre o Lucro Líquido (CSLL);
> IV - Contribuição para o Financiamento da Seguridade Social (Cofins); e
> V - contribuições previstas nos incisos I, II e III do **caput** e no § 6º do art. 22 da Lei nº 8.212, de 24 de julho de 1991.

Determina, ainda, o parágrafo 2º do mesmo artigo:

> O recolhimento na forma deste artigo não exclui a incidência dos seguintes impostos ou contribuições, devidos na qualidade de contribuinte ou responsável, em relação aos quais será observada a legislação aplicável às demais pessoas jurídicas:

I - Imposto sobre Operações de Crédito, Câmbio e Seguro, ou Relativas a Títulos ou Valores Mobiliários (IOF);
II - Imposto de Renda relativo aos rendimentos ou ganhos líquidos auferidos em aplicações de renda fixa ou variável;
III - Imposto de Renda relativo aos ganhos de capital auferidos na alienação de bens do ativo imobilizado;
IV - contribuição para o Fundo de Garantia do Tempo de Serviço (FGTS);
V - Imposto de Renda relativo aos pagamentos ou créditos efetuados pela pessoa jurídica a pessoas físicas; e
VI - demais contribuições instituídas pela União, inclusive as contribuições compulsórias dos empregadores sobre a folha de salários, destinadas às entidades privadas de serviço social e de formação profissional vinculadas ao sistema sindical, de que trata o art. 240 da Constituição Federal, e demais entidades de serviço social autônomo.
§ 3º O pagamento mensal unificado deverá ser feito até o vigésimo dia do mês subsequente àquele em que houver sido recebida a receita.

A alíquota a incidir sobre a TEF traz uma diferença entre os primeiros cinco primeiros anos e os anos subsequentes. No período inicial, será no valor de 5% das receitas, *inclusive aquelas referentes* a prêmios e programas de *sócio-torcedor* – o que entendemos ser redundância, já que estas claramente compõem o conceito de receita – mas excetuando-se as relativas à cessão de direitos desportivos dos atletas, isto é, àquelas auferidas pelos clubes em transação dos jogadores.

No segundo período definido pela lei, a partir do sexto ano-calendário da constituição da SAF, a alíquota será reduzida para 4%, incluindo-se, porém, as receitas obtidas nas transações dos atletas, que são muito significativas na arrecadação total dos clubes. Em 2022, um estudo[16] apontou que R$ 1,4 bilhão foram movimentados em transferências

16 Disponível em: https://www.poder360.com.br/economia/clubes-do-brasil-movimentaram-r-14-bilhao--em-transferencias-em-2022/

pelos clubes brasileiros, o que representa 20% da receita dos clubes. O São Paulo liderou a lista de arrecadação com R$ 229 milhões, seguido por Palmeiras (R$ 174 milhões) e Internacional (R$ 173 milhões). Apontou o relatório ainda que nos últimos seis anos as 20 principais equipes brasileiras produziram R$ 9,8 bilhões com transferências.

Os arts. 31 e 32 da LSAF, que tratam da TEF, chegaram a ser vetados pela Presidência da República sob o argumento de que poderia gerar renúncia de receita por parte da Fazenda instituir um modelo de tributação em que empresas da mesma natureza – sociedades anônimas – pagariam tributos de forma distinta, com as do futebol pagando menos.

Mas os vetos foram acertadamente derrubados com o argumento de que, tornando-se SAFs, os clubes já pagariam naturalmente mais tributos do que se permanecessem como associações. Logo, a Fazenda já estaria arrecadando mais só de incentivar as entidades a tornarem-se empresas. Também é relevante o fato acima demonstrado dos números que envolvem as transações de atletas que, pouco após a constituição da SAF, entrarão no conceito de receita para compor a base de pagamento dos tributos.

Logo, embora esse tema tenha sido complexo no início, já que por questões políticas a base do governo no Parlamento tende a manter as decisões do presidente da República, felizmente ficou demonstrado que este veto poderia prejudicar sobremaneira e efetividade da lei na prática.

5.3 O REGIME CENTRALIZADO DE EXECUÇÕES (RCE)

O RCE foi instituído na LSAF no art. 13, I, como um dos modos de pagamento das obrigações dos clubes-associações que se transformarem em SAF, além das já conhecidas recuperação judicial e extrajudicial, inseridas em nosso ordenamento jurídico pela Lei 11.101/05. O instituto é mais uma forma de concurso de credores em juízo único com objetivo de organizar os pagamentos de forma centralizada, variando a competência para seu trâmite de acordo com a natureza da dívida: cível ou trabalhista.

Na prática, os clubes trilharam diferentes caminhos para o tratamento da dívida. Vasco e Fluminense (que não adotou a SAF e o tema será debatido adiante) optaram pela RCE; Cruzeiro e Coritiba utilizaram a recuperação judicial em momentos diferentes, já que a equipe mineira o fez após a venda e os paranaenses fizeram antes; já o Figueirense utilizou do menos comum instrumento da recuperação extrajudicial.

O primeiro ponto de reflexão sobre o assunto foi exatamente entender se haveria necessidade de criação de um novo regime de execução universal de credores na lei brasileira, considerando a existência das já consolidadas recuperações judicial e extrajudicial, sobretudo por não haver uma regulamentação específica acerca do procedimento a ser seguido já que, como preconizado na LSAF em seu art. o 15, o RCE será disciplinado por meio de ato do próprio tribunal. Logo, cada Corte (seja cível ou trabalhista) poderá adotar um rito diferente, consoante vontade dos magistrados locais.

Exemplo prático disso pode ser observado no RCE de Fluminense e Cruzeiro. No Rio de Janeiro, foi nomeado administrador judicial na RCE do Fluminense[17], tal qual uma recuperação judicial, embora a LSAF nada mencione sobre essa necessidade ou possibilidade. Em Minas Gerais, isso não foi feito na RCE ajuizada pelo Cruzeiro.

Também resta indefinido de forma clara se os créditos oriundos de dívidas reconhecidas pelos órgãos julgadores

17 Disponível em: https://www.mvbrecuperacoesjudiciais.com.br/post/mvb-nomeada-administradora-judicial-do-fluminense

da FIFA e pela CNRD (Câmara Nacional de Resolução de Disputas) da CBF podem ser submetidos ao RCE. O Vasco incluiu essas dívidas em seu rol de credores inicialmente ao distribuir seu pedido perante a Presidência do Tribunal Regional do Trabalho da 1ª Região (TRT-1), em agosto de 2021, o que foi deferido mediante o seguinte argumento:

> Considerando que, segundo o artigo 515, VII, do CPC, aplicável ao Processo do Trabalho, são considerados títulos executivos judiciais as sentenças arbitrais e que o Regime Centralizado de Execução dos clubes deve primar pelo pagamento ordenado de todas as execuções com origem em dívidas trabalhistas, incluindo aquelas derivadas de juízo arbitral, declaro que os débitos de natureza trabalhista decorrentes das execuções relativas à CNRD e à FIFA posteriores à Reforma Trabalhista devem ser pagos no bojo deste RCE. Defiro, portanto, a inclusão de tais dívidas no plano de pagamento, bem como ratifico a inclusão efetuada pela Requerente dos três créditos de processo em curso na FIFA.

Contudo, a defesa do jogador Maxi López pediu a reconsideração da decisão e a presidente do TRT-1 acatou o pleito, explicando que:

> Consoante o art. 14 da Lei 14.193/21 faculta à requerente concentrar no juízo centralizador as suas execuções. Ora, se as dívidas dos processos administrados pela CNRD e pela FIFA não são passíveis de execução, não devem ser, com efeito, incluídas no Regime Centralizado de Execuções.
>
> Assim, **reconsidero a decisão anterior para determinar a exclusão da listagem das dívidas dos processos administrados pela CNRD e pela FIFA**.

A matéria carece de regulamentação e, no âmbito dos RCEs existentes, só se conhece esse precedente sobre o tema, sendo necessário mais tempo, portanto, para entender o rumo que o Judiciário tomará sobre o assunto.

Ainda, em questão preliminar, suscita debate a legitimidade ativa para propositura do RCE, já que o instituto está previsto na LSAF. Logo, pressupõe-se que é exclusivo para clubes que já se transformaram em SAF ou estão em vias de transformar-se.

Na prática, entretanto, clubes cujos dirigentes manifestaram-se publicamente que não pretendiam adotar a SAF naquele momento acabaram utilizando-se do RCE com objetivo de evitar os bloqueios advindos das acumuladas execuções que os assolam. Isso, contudo, não nos parece correto, já que o objetivo da lei é fomentar que os clubes se profissionalizem e virem SAFs e, para isso e em razão disso, podem ter determinados benefícios para tratar suas dívidas.

Como a questão não foi taxativamente regulada, vai depender dos entendimentos judiciais o rumo que o tema vai tomar. No âmbito trabalhista, um cenário em princípio definitivo parece ter se firmado após o caso do Fluminense que, em 2021, ajuizou seu RCE perante o TRT-1 e, em julho de 2022, teve seu plano de pagamento homologado pela Corte.

Ocorre que em 19 agosto de 2022 o Tribunal Superior do Trabalho (TST) se manifestou sobre a controversa questão da legitimidade e, por meio do seu Ministro Corregedor-Geral, editou o Provimento CGJT 01, que determinou que o RCE só seria aplicável aos clubes que se transformaram em SAF, nos seguintes termos:

> Art. 153. O RCE disciplinado pela Lei nº 14.193/2021 destina-se única e exclusivamente às entidades de prática desportiva definidas nos incisos I e II do § 1º do art. 1º e que tenham dado origem à constituição de Sociedade Anônima de Futebol na forma do art. 2º, II, da referida lei.

Entretanto, embora tenha pacificado o ponto controverso de uma forma geral – no âmbito trabalhista, vale repisar – no caso específico do Fluminense a decisão que homologou o plano de pagamento foi ratificada pela presidente do TRT da 1ª Região sob o argumento da estabilidade e segurança jurídica, entendendo a desembargadora, ao prolatar sua decisão, que o Provimento do TST não poderia ser interpretado no sentido de revogar planos já deferidos em definitivo.

Essas divergências de interpretação jurídica influem diretamente em como o mercado receberá o RCE já que, diante de dívidas bilionárias, a última coisa que um comprador deseja é ser surpreendido por uma decisão judicial inesperada. Sendo assim, temos o entendimento de que a previsão legal do instituto seria até mesmo desnecessária para os fins previstos na LSAF – transformação da natureza jurídica dos clubes – podendo ser útil somente para aqueles que visam ao parcelamento das dívidas, e não à venda do clube.

Feitas as considerações jurídicas e controversas do tema, a análise do melhor caminho a seguir será feita no capítulo destinado às reflexões econômicas e práticas, no qual a questão será abordada à luz do caso concreto do Cruzeiro.

5.4 A NÃO SUCESSÃO DAS DÍVIDAS DAS ASSOCIAÇÕES PELAS SAFs

Tema primordial na LSAF, que envolve também polêmica jurídica, é o tratamento dado às dívidas das associações que se transformam em SAF. Rendeu críticas de credores – inclusive com o treinador Mano Menezes chamando a não sucessão de *vigarice* em uma entrevista – mas é ponto fulcral para o sucesso do novo modelo, conforme veremos adiante. Eis a redação do assunto:

> Art. 9º A Sociedade Anônima do Futebol não responde pelas obrigações do clube ou pessoa jurídica original que a

constituiu, anteriores ou posteriores à data de sua constituição, exceto quanto às atividades específicas do seu objeto social, e responde pelas obrigações que lhe forem transferidas conforme disposto no § 2° do art. 2° desta Lei, cujo pagamento aos credores se limitará à forma estabelecida no art. 10 desta Lei.
Parágrafo único. Com relação à dívida trabalhista, integram o rol dos credores mencionados no caput deste artigo os atletas, membros da comissão técnica e funcionários cuja atividade principal seja vinculada diretamente ao departamento de futebol.

Art. 10. O clube ou pessoa jurídica original é responsável pelo pagamento das obrigações anteriores à constituição da Sociedade Anônima do Futebol, por meio de receitas próprias e das seguintes receitas que lhe serão transferidas pela Sociedade Anônima do Futebol, quando constituída exclusivamente:
I - por destinação de 20% (vinte por cento) das receitas correntes mensais auferidas pela Sociedade Anônima do Futebol, conforme plano aprovado pelos credores, nos termos do inciso I do **caput** do art. 13 desta Lei;
II - por destinação de 50% (cinquenta por cento) dos dividendos, dos juros sobre o capital próprio ou de outra remuneração recebida desta, na condição de acionista.

Acredita-se que o objetivo do legislador aqui foi exatamente buscar uma solução para essa difícil questão visando ao mercado, isto é, tornando mais atraente o produto a ser vendido já que, diante da terrível situação – já mencionada – em que os clubes estavam, dificilmente teríamos compradores dispostos a assumir, de início, dívidas bilionárias.

Com inspiração na Lei de Recuperação de Empresas e Falências (LREF – Lei 11.101/2005), optou-se por tirar a sucessão das obrigações na venda do clube. Lembramos que os artigos que tratavam essa matéria na LREF foram questionados e até mesmo desrespeitados por vários magistrados trabalhistas à época, até que os tribunais superiores determinaram sua aplicação, de forma acertada, para fazer valer o texto da lei e proporcionar segurança jurídica ao mercado. Merece destaque trecho do acórdão proferido no julgamento da Ação Direta de Inconstitucionalidade 3.934-DF pelo pleno do Supremo Tribunal Federal, publicado em 06 de novembro de 2009, com relatoria do Ministro Ricardo Lewandowski:

> A exclusão da sucessão torna mais interessante a compra da empresa e tende a estimular maiores ofertas pelos interessados na aquisição, o que aumenta a garantia dos trabalhadores, já que o valor pago ficará à disposição do juízo da falência e será utilizado para pagar prioritariamente os créditos trabalhistas. Além do mais, a venda em bloco da empresa possibilita a continuação da atividade empresarial e preserva empregos.

A conclusão do Ministro é óbvia diante dos sinais que o mercado deu a essa importante mudança: após a edição da LREF de fato as empresas conseguiram se recuperar em maior proporção do que ocorria sob a égide do Decreto-Lei 7.661/45, antigo diploma legal que regulamentava a então concordata e a falência.

Talvez um dos primeiros casos, de grande repercussão, que exemplifica isso foi a compra da Varig pela GOL: vários trabalhadores da quebrada companhia aérea puderam ser aproveitados e os que não foram receberam alguma quantia, o que seria quase impossível se não houvesse a aquisição da empresa, que só ocorreu pela não sucessão das dívidas. Certamente, caso houvesse a sucessão, jamais haveria interesse na operação.

No caso da LSAF a tratativa ficou ainda melhor para os credores por duas principais razões. Primeiro porque garante a fonte custeadora do pagamento das dívidas anteriores – art. 10 da LSAF, anteriormente transcrito. Segundo, porque a *não sucessão* pode tornar-se obrigação subsidiária caso o plano de pagamento não esteja sendo cumprido – art. 24 da LSAF.

Não há, portanto, *vigarice* ou *calote institucional*. Ou se cumpre o plano previsto em lei no prazo correto – seis mais quatro anos, conforme art. 15 a LSAF – ou a SAF passa a ter responsabilidade pelas obrigações.

Resta saber agora como Judiciário dará tratamento ao assunto. O tema é recorrente preocupação do mercado, que sabe que a não aplicação da lei dificultará muito futuras vendas de clubes. Fizemos um levantamento com base em julgamentos da Justiça do Trabalho de Minas Gerais nos casos concernentes à SAF do Cruzeiro e, de fato, vemos posicionamentos distintos e conflitantes.

Optamos por analisar os diferentes pontos de vista através de acórdãos proferidos a partir da criação da Lei da SAF. Daqueles que entendem pela responsabilização da SAF de alguma forma, destacamos:

> **1.**
>
> "SOCIEDADE ANÔNIMA DE FUTEBOL. RESPONSABILIDADE TRABALHISTA: Nos termos do art. 9º da Lei 14.193/21, a S.A.F responderá pelas dívidas trabalhistas, ainda que anteriores à sua constituição, quando o empregado estiver vinculado diretamente ao departamento de futebol." (TRT da 3ª Região; PJe: 0010240-19.2022.5.03.0018 (AP); Disponibilização: 19/12/2022, DEJT/TRT3/Cad.Jud, Página 1339; Órgão Julgador: Segunda Turma; Relator(a)/Redator(a): Lucas Vanucci Lins).

Esse, sem dúvida, foi um dos mais radicais e, respeitosamente, equivocado quando analisamos o caso concreto. Isso porque, primeiramente, parte da errônea premissa de que o reclamante, que exercia o cargo de "Diretor

Social" do Cruzeiro, estaria a serviço do departamento de futebol do clube.

Ora, essa discussão é tema inclusive de imprensa e coloca em choque os interesses dos torcedores do clube (que no caso, são mais de 9 milhões) e dos associados do clube social, que não chegam a 15 mil, já que, no fim, era esta minoria – até a criação da SAF – que definia o futuro da instituição como um todo, posto que no âmbito social que se davam as eleições de quem comandaria o futebol do clube.

Assim, a função "Diretor Social" nitidamente se restringe à atuação nos clubes sociais, sem qualquer interferência no departamento de futebol. Ainda, no caso concreto, o reclamante havia sido desligado do seu cargo quase dois anos antes da criação da SAF.

Entretanto, mesmo com essas particularidades, o acórdão citado entendeu que restou configurado **grupo econômico** para fins trabalhistas, bem como reconheceu a **responsabilidade solidária** da SAF, em total desacordo com os objetivos do legislador para a eficácia da lei.

2.

"SOCIEDADE ANÔNIMA DE FUTEBOL. LEI 14.193/2021. RESPONSABILIDADE SOLIDÁRIA. A Sociedade Anônima de Futebol responde pelas obrigações decorrentes do futebol, mesmo anteriores à sua constituição, destinando determinadas receitas ao clube. Trata-se de atividade que se enquadra no objeto social do clube réu e a Lei 14.193/2021 não revogou a legislação trabalhista, que tem aplicação, devendo ser compatibilizadas as legislações. Assim, aplica-se também o disposto nos artigos 10 e 448 da CLT no que se refere à sucessão de empregadores. Ademais, a responsabilidade solidária deve ser mantida, porque prevista em lei (§§ 2o e 3o do art. 2o da CLT)." (TRT da 3.a Região; PJe: 0010208-56.2022.5.03.0004 (ROT); Disponibilização: 30/11/2022, DEJT /TRT3/Cad.Jud, Página 650; Órgão Julgador: Terceira Turma; Relator(a)/Redator(a): Danilo Siqueira de C.Faria).

Este julgado se assemelha ao caso supracitado – ao reconhecer o **grupo econômico** e a **responsabilidade solidária** – com a diferença de que, pelo menos aqui, de fato o reclamante estava ligado ao departamento de futebol anteriormente. Entretanto, alguns pontos do voto proferido chamam a atenção e merecem comentários.

O primeiro deles é a afirmação de que *"a Lei da SAF não revogou a legislação trabalhista, que tem aplicação, devendo ser compatibilizadas as legislações"*. Ora, por óbvio que não houve revogação, mas se lei posterior trata especificamente de uma exceção à regra geral de determinada matéria, deve ela ser aplicada. Aliás, como já citado, precedente nesse sentido existe em situação análoga no que tange à Lei 11.101/05, entendendo-se que, nos casos em que ela conflitou com a CLT, prevaleceu a legislação mais recente em relação à sucessão trabalhista.

Em seguida, frisou-se que *"a condenação da SAF não desvirtua ou impede que a nova lei alcance a sua finalidade, como pretendem fazer crer os recorrentes, uma vez que, no caso de sua responsabilização trabalhista, poderá deduzir dos créditos a serem repassados ao clube o que adimplir, na forma do art. 10 supramencionado, bastando simples ajustes contábeis entre os reclamados"*. O raciocínio apresentado, ao contrário do que tentou se defender, desvirtua totalmente a finalidade da lei, que é facilitar a venda dos clubes e permitir ingresso de dinheiro para cumprir obrigações anteriores. E não se sustenta também pois, a prevalecer a ideia de que a SAF deve pagar todo débito trabalhista anterior e abater dos repasses, jamais haverá um juízo universal de credores para dar o tratamento correto ao montante total da dívida, o que permitiria a plena recuperação do clube.

A LSAF, além das recuperações judicial e extrajudicial, traz o mencionado RCE como instrumentos de pagamento da dívida de forma equânime e adequada ao fluxo de caixa da nova empresa, de acordo com seu planejamento econômico. Permitir que determinados credores recebam integralmente e fora dessa ordem é assinar um atestado de inviabilidade econômica da nova empresa, sobretudo diante do caos financeiro que a maioria dos clubes brasileiros passa.

Logo, neste caso discordamos também do mérito, mas achamos importante rebater os argumentos de forma pormenorizada para construir bases que deem sustentabilidade à aplicação da lei de forma efetiva.

> **3.**
> "SOCIEDADE ANÔNIMA DE FUTEBOL. EMPREGADO VINCULADO AO DEPARTAMENTO DE FUTEBOL. RESPONSABILIDADE TRABALHISTA. Nos termos do art. 9o da Lei no 14.192/21, a Sociedade Anônima de Futebol (SAF) responde pelas obrigações contraídas pelo clube em relação aos atletas, membros da comissão técnica e funcionários cuja atividade principal seja vinculada diretamente ao departamento de futebol, observados os limites previstos no art. 10 quanto à destinação de receitas." (TRT da 3ª Região; PJe: 0010036- 87.2022.5.03.0110 (ROT); Disponibilização: 29/07/2022; Órgão Julgador: Decima Primeira Turma; Relator(a)/Redator(a): Marco Antônio Paulinelli Carvalho).

Neste caso concreto o autor prestou serviço ao departamento de futebol do Cruzeiro e seu contrato se encerrou após a criação efetiva da SAF, contudo, antes de sua entrada em operação. Entenderam os magistrados, porém, que deve prevalecer a **responsabilidade subsidiária** da SAF, nos termos do art. 10 da LSAF, fixando que *"enquanto a Sociedade Anônima do Futebol cumprir os pagamentos previstos nesta Seção, é vedada qualquer forma de constrição ao patrimônio ou às receitas, por penhora ou ordem de bloqueio de valores de qualquer* *natureza ou espécie sobre as suas receitas, com relação às obrigações anteriores à constituição da Sociedade Anônima do Futebol".*

Assim vê-se uma forma de responsabilização mais moderada, que de fato só seria efetivada em caso de não cumprimento do plano de pagamento a ser apresentado via RCE ou procedimento de recuperação. Entretanto, como veremos abaixo, ainda assim entendemos que esta responsabilização não deveria ocorrer neste momento.

4.

Nesse sentido, a sentença proferida no processo nº 0010839-36.2022.5.03.0186, julgado pela 48ª Vara do Trabalho de Belo Horizonte, que acabou confirmada em sua totalidade e de forma unânime pela 1ª Turma do Tribunal Regional do Trabalho da 3ª Região (TRT-3) em acórdão publicado em 6 de março de 2023, retrata exatamente o entendimento que julgamos estar mais adequado ao espírito do legislador e ao objetivo da lei:

> (...) Inicialmente, é importante esclarecer que a segunda ré consiste em Sociedade Anônima de Futebol - SAF criada nos termos da Lei 14.193/2021, a qual dispõe sobre normas de constituição, governança, controle e transparência, meios de financiamento da atividade futebolística, tratamento dos passivos das entidades de práticas desportivas e regime tributário específico. Conforme previsto no art. 2° da citada Lei, a Sociedade Anônima de Futebol pode ser constituída pela cisão do departamento de futebol do clube ou pessoa jurídica original e transferência do seu patrimônio relacionado à atividade futebol, como ocorreu no caso em tela. Logo, **o simples fato de ter ocorrido a cisão e a transferência do patrimônio não caracteriza o objetivo de fraudar credores ou execuções trabalhistas, uma vez que o procedimento encontra expressa previsão em lei vigente** (...)
>
> Contudo, a Lei 14.193/2021 detém natureza especial, apresentando regras destinadas a viabilizar a reestruturação e

a continuidade da atividade desenvolvida pelos clubes de futebol brasileiro, os quais se encontram, em sua maioria, em situação financeira ruinosa, o que é de conhecimento público. Logo, **as regras específicas previstas na legislação especial, acerca da responsabilidade das sociedades anônimas de futebol pelos débitos dos clubes, prevalecem sobre as regras gerais previstas em outros diplomas legislativos, conforme o critério da especialidade para solução de conflito de normas**. Entender em sentido contrário representaria admitir a possibilidade de afastar, com fundamento em preceitos genéricos trabalhistas ou civis, as regras especiais previstas na Lei 11.101/2005 acerca da forma de pagamento de débitos por empresas em processo de falência ou recuperação judicial, procedimento que não é admitido. Nesse sentido, **assim como ocorreu em relação à Lei 11.101 /2005, a Lei 14.193/2021 também estabeleceu um regime especial de pagamento de débitos, neste caso com o objetivo específico de viabilizar a recuperação financeira dos clubes de futebol brasileiros**. De acordo com os arts. 9° e 10 da Lei 14.193/2021, **embora a Sociedade Anônima de Futebol responda por obrigações do clube que sejam decorrentes das atividades específicas do seu objeto social, essa responsabilidade é indireta, pois a SAF responde apenas perante o clube, destinando parte das receitas correntes mensais, cabendo ao clube o pagamento dos débitos aos credores**. Tanto é assim que o art. 12 da Lei 14.193/2021 veda, expressamente, qualquer forma de constrição do patrimônio ou da receita da SAF, mediante penhora ou ordem de bloqueio, enquanto ela estiver cumprindo a obrigação perante o clube, quanto à destinação de um percentual da receita. Em relação à forma de quitação das obrigações, o art. 13 da Lei 14.193/2021 permite que o clube opte, a seu exclusivo critério, pelo concurso de credores, por intermédio do Regime Centralizado de Execuções. Dessa forma, o clube deverá concentrar, no juízo centralizador das execuções, as suas receitas e os valores repassados pela SAF, sendo os créditos trabalhistas quitados de forma privilegiada, nos termos dos arts. 14, 17 e 18 da Lei 14.193/2021. **Conforme previsto no art. 24**

> **da Lei 14.193/2021, a responsabilidade da Sociedade Anônima de Futebol somente é admitida em caráter subsidiário, caso as obrigações trabalhistas não sejam quitadas no prazo previsto no Regime Centralizado de Execuções, que pode ser de até dez anos. Incabível, portanto, a pretensão da autora quanto à responsabilização solidária da segunda reclamada**, pois o regime previsto na legislação especial afasta a aplicação das regras genéricas sobre grupo econômico ou sucessão empresarial, diante da evidente incompatibilidade da condenação solidária com a aplicação do complexo sistema criado pelo legislador para essa situação específica. Na realidade, **a atribuição de responsabilidade trabalhista solidária à segunda ré tornaria completamente inútil o conteúdo da Lei 14.193/2021, pois permitiria o bloqueio imediato do patrimônio da Sociedade Anônima de Futebol, em detrimento da aplicação das regras especiais sobre responsabilidade, modo de quitação das obrigações e regime centralizado de execuções, que representam o núcleo do sistema criado pelo legislador para atingir o objetivo de recuperação financeira das entidades de práticas desportivas**. Tampouco se mostra aplicável o instituto da fraude contra credores, pois um regime diferenciado de pagamento, previsto em diploma normativo vigente, não pode ser entendido como fraudulento ou ilegal. **Saliento que nem mesmo a condenação subsidiária da segunda reclamada é viável no presente momento, pois o ordenamento jurídico não admite sentença condicional (art. 492, parágrafo único, CPC), e essa modalidade de responsabilidade somente poderá ser atribuída à referida ré caso as obrigações trabalhistas não sejam quitadas no prazo previsto no Regime Centralizado de Execuções**, que pode ser de até dez anos. Por todo o exposto, julgo improcedentes os pedidos formulados em face da segunda reclamada.

Os destaques ao texto são importantes pois não só refletem integralmente nosso pensamento como também fazem um perfeito contraponto aos argumentos dos que pensam em contrário, como visto anteriormente.

5.

Merece menção, também, parte do acórdão proferido no julgamento do processo nº 0010340-96.2022.5.03.0139 (RORSum), Relatora Des. Maria Cristina Diniz Caixeta, TRT da 3ª Região, 4ª Turma, julgado em 14/2/2023:

> Com efeito, o art. 9º acima transcrito veda a responsabilização da SAF pelas obrigações do Clube, anteriores ou posteriores à sua constituição, salvo em relação às atividades relacionadas ao seu objeto social e às obrigações que lhe forem transferidas, devendo o pagamento dos credores, em qualquer caso, seguir a regra fixada no art. 10. O citado art. 10, de sua parte, preconiza que o pagamento dos credores deve ser feito diretamente pelo Clube original, por meio de receitas próprias e de receitas transferidas pela SAF e, como complementa o art. 12, enquanto a SAF cumprir com tais repasses, é vedada qualquer forma de constrição de seu patrimônio. Atendo-se ao comando normativo, **descabe falar-se em obrigação solidária e direta da SAF em relação as obrigações assumidas pelo clube Cruzeiro Esporte Clube, ainda que relacionadas a verbas trabalhistas decorrentes de contrato de trabalho de empregado ligado ao Departamento de Futebol, como no caso, que se encerrou antes da constituição daquela**. Ainda na leitura da norma que rege a constituição da SAF sobressai a obrigação de destinar parte de sua receita corrente mensal ou de seus dividendos ao Clube, cabendo a este efetuar o efetivo pagamento aos credores, inclusive à reclamante. No caso concreto, o reclamante, atleta profissional, foi contratado e dispensado pelo 1o Reclamado Cruzeiro, sendo seu contrato rescindido em 06.12.2021 e embora a SAF tenha sido criada na mesma data, essa ainda não estava em atividade, vez que o início de suas operações se deu a partir de maio de 2022 e segundo o artigo 2º, parágrafo 2º, II da Lei n. 14.193/21 a responsabilidade só ocorre com a transferência, o que é não é o caso dos autos, pois o recorrido foi dispensado pelo Cruzeiro e seu crédito

está elencado no quadro geral de credores de Recuperação Judicial. Rezam os artigos 2º, 9º e 10º da Lei.14.193/21 que a SAF não tem responsabilidade por créditos trabalhistas da Associação em relação ao autor, ainda que vinculado ao futebol, pois a responsabilidade só se configura em relação ao que lhe foi efetivamente transferido, ocorrendo, então a chamada sucessão, o que se percebe com a leitura interpretativa do Projeto de Lei n. 5.516/19 que deu origem à Lei n. 14.193/21(...)

Nessa perspectiva legal, **descabe falar em sucessão trabalhista, pois a Lei n. 14.193/2021, por força do princípio da especialidade, obsta a aplicação dos arts. 10 e 448 da CLT. No que diz respeito à caracterização de grupo econômico, consoante previsto no artigo 2º, parágrafo 2º, da CLT, também não há espaço argumentativo jurídico para sua aplicabilidade, porquanto a atribuição de responsabilidade solidária da SAF acabaria por esvaziar o conteúdo da Lei n. 14.193/2021**, ao permitir a imediata constrição de seu patrimônio, violando a opção clara do legislador em conferir especial proteção àquela sociedade.

Outros acórdãos do mesmo Tribunal também chegaram à mesma conclusão[18], de forma que, apesar de ser notória a divergência entre alguns posicionamentos, espera-se que prevaleçam os últimos que, seja pela especialidade da lei posterior, seja pelo objetivo do legislador, ou pelo fato de que haverá o pagamento dos credores, no tempo devido, somente essa interpretação dará segurança jurídica ao mercado para que haja investidores no futebol brasileiro.

Caso contrário, o máximo que teremos será a constituição de novas SAFs, mas nunca a transformação (em estrito sentido) de associações antigas em SAFs, o que enterra boa

18 PJe: 0010570-64.2022.5.03.0002, Disp. 01/12/2022, 9ª Turma, Rel. Des. Weber Leite de Magalhaes Pinto Filho; PJe: 0010122-39.2022.5.03.0181 (ROT), Disp. 23/11/2022, 10ª Turma, Rel. Des. Ricardo Marcelo Silva; PJe: 0010138-15.2022.5.03.0109 (ROT), Disp. 18/08/2022, 5ª Turma; Rel. Des. Paulo Mauricio R. Pires

parte do motivo da lei, que sempre foi incentivar o modelo empresarial do futebol no Brasil e permitir a recuperação econômica dos clubes que estavam altamente endividados e sem perspectiva de melhoria financeira.

6

REFLEXÕES ECONÔMICAS E PRÁTICAS DA SAF NO BRASIL

A principal consequência econômica da implementação da SAF no Brasil é transformar o futebol brasileiro em um atraente negócio e profissionalizar sua gestão, deixando de lado a lógica de que se trata de um esporte movido exclusivamente pela paixão e pela obrigação de ganhar títulos. Fortalecer a economia desse esporte por meio da SAF promoverá uma melhora no próprio futebol, o que atende, inclusive, à paixão. Entretanto, virar SAF não quer dizer que o dinheiro cairá automaticamente na conta do clube. É necessário mudar o senso comum de que os investidores virão despejar dinheiro nos clubes; pelo contrário, eles enxergam que o Brasil tem muita "matéria prima do futebol", que são os talentos jovens e, por isso, querem fazer parte do processo de formação em vez de comprá-los por milhões de dólares.

Hoje tem-se vendido jogadores de 16 a 19 anos por US$ 20, 30, 40 milhões. Será que não compensa investir isso – R$ 100 a 200 milhões – em um clube e trabalhar para produzir vários jogadores? Ainda com a possibilidade de prepará-los desde cedo para o mercado estrangeiro. Fazer o mínimo, por exemplo, que é ensinar inglês desde cedo ao atleta – uma realidade no mundo e algo raro no Brasil – para que sua adaptação seja mais rápida.

Partindo do pressuposto que investir no clube é melhor e potencialmente mais rentável, entende-se que, tal qual em uma operação de fusão e aquisição ou abertura de capital de empresa de qualquer outro setor, a entidade desportiva precisa estar preparada para captar recursos, sobretudo se tiver uma dívida a ser tratada de forma adequada, já que ninguém vai comprar um ativo no limbo ou com incerteza do que pode aparecer na frente.

A chamada *due dilligence*, que verificará com minúcia todo passivo do clube, existente e por vir, é uma etapa que qualquer comprador cumprirá antes de aportar dinheiro no negócio. E o trabalho não é simples: sem a pretensão de detalhar algo tão complexo em poucas linhas, mas para os que não são familiarizados com o tema, em negociações como essas analisam-se os processos judiciais e administrativos já existentes e também os que podem surgir em decorrência dos contratos que o clube tem em vigor. Logo, se um clube tem, por exemplo, um passivo X de processos trabalhistas ajuizados, quando se analisam os riscos trabalhistas dos contratos vigentes o passivo certamente passará muito o valor X. Tudo isso estará incluído no risco do negócio e deve ser precificado. O mesmo vale para as discussões tributárias.

Logo, estar cercado de bons profissionais é essencial não só para tornar o produto mais atraente, mas para tomar as decisões corretas no pós-venda e no acompanhamento da solução dos problemas financeiros anteriores para que os mesmos não respinguem futuramente na nova empresa.

Os três maiores clubes brasileiros que optaram pelo modelo da SAF seguiram rumos distintos para finalizar suas negociações, certamente por momentos peculiares que viviam. O primeiro e mais inusitado foi o do Cruzeiro Esporte Clube, que participei ativamente desde a concepção por presidir o clube no momento e antever que esta seria a única saída definitiva para os gravíssimos problemas financeiros da instituição, diante de dívidas bilionárias acumuladas em períodos anteriores.

Primeiramente, trouxemos a consultoria da Ernst & Young (EY), pioneira na elaboração de importantes estudos sobre o modelo societário dos clubes no mundo. Através do Pedro Daniel e do Gustavo Hazan foram feitas reuniões para discutir governança e possíveis opções para serem adotadas pelo Cruzeiro.

Depois, por meio do ex-CEO do Flamengo, Fred Luz, começamos os trabalhos de reestruturação da dívida com a Alvarez & Marsall, trabalho fundamental para dar uma visibilidade que não tínhamos quando recebemos o clube e para definir os prazos exatos das obrigações bem como analisar riscos da inadimplência. A A&M foi e continua sendo grande parceira do Cruzeiro (e, posteriormente, de vários outros clubes) no trabalho de negociação e organização financeira.

Por fim, para buscar os investidores no mercado fizemos um pioneiro contato com a XP Investimentos, que até então nunca tinha operado no ramo do esporte, através de aproximação feita pelo Conselheiro do Cruzeiro e empresário Régis Campos com o mineiro e também cruzeirense Pedro Mesquita, da XP, no dia 23 de julho de 2021, em São Paulo.

Montado o time com competências distintas, algumas questões de aceitação do mercado começaram a ser postas em nosso debate interno. O primeiro desafio era alterar o estatuto do Cruzeiro, que já previa a possibilidade de criação do "clube-empresa" para administrar o departamento de futebol, mas determinava que o clube deveria ser detentor de, pelo menos, 51% das cotas ou ações da sociedade a ser criada.

A questão lógica do mercado era: quem iria assumir o risco de pagar uma dívida bilionária para ser minoritário

Em julho, primeira reunião com a XP Investimentos

em uma empresa? Não foi fácil explicar isso para o Conselho Deliberativo, responsável pela alteração do estatuto; sempre existe o sentimento de pertencimento e de que, uma vez que se passe a maioria para um terceiro, haverá a perda de identidade do clube. Nesse sentido, o que mostrávamos era que a lei, como já citado, trouxe instrumentos de preservação da história do clube ainda que a associação ficasse com minoria das ações.

Assim, com esse escudo e considerando o aspecto prático de que seria impossível achar um comprador "minoritário" nas condições em que o clube estava, conseguimos alterar o estatuto do Cruzeiro para que pudessem ser vendidas até 90% das ações. Superada essa fase, em 18 de dezembro de 2021, finalmente, foi assinado o documento preliminar de compra de 90% das ações da Cruzeiro SAF, negócio fundamental para a continuação do clube, já que, somente para não ficar impedido de registrar jogadores em razão de dívidas na FIFA, era preciso desembolsar quase R$ 30 milhões antes do início da temporada de 2022, fora salários e direitos de imagem atrasados e potenciais contratações para ter o time em um bom nível desportivo.

18 de dezembro de 2021: assinatura do documento preliminar de compra de 90% das ações da Cruzeiro SAF

ATA DE ASSEMBLEIA GERAL DE CONSTITUIÇÃO DE

"CRUZEIRO ESPORTE CLUBE - SOCIEDADE ANÔNIMA DO FUTEBOL"

REALIZADA EM 22 DE NOVEMBRO DE 2.021.

(Lavrada sob a forma de sumário, de acordo com a autorização contida no parágrafo 1º do artigo 130 da Lei n.º 6.404/76 e em observância do disposto na Lei nº 14.193/21)

DATA, HORÁRIO e LOCAL: Aos 22 de novembro de 2.021, iniciada às 11 horas, na sede de CRUZEIRO ESPORTE CLUBE - SOCIEDADE ANÔNIMA DO FUTEBOL ("Companhia"), localizada na Avenida dos Andradas, n.º 3.000, 10º andar, bairro Santa Efigênia, na Cidade de Belo Horizonte, Estado de Minas Gerais, CEP 30260-070.

PRESENÇA: Presente o Cruzeiro Esporte Clube, associação civil, sem fins econômicos, inscrita no CNPJ/MF sob o nº 17.241.878/0001-11, com sede e foro na Comarca de Belo Horizonte, Estado de Minas Gerais, na Avenida dos Andradas, n.º 3.000, 10º andar, bairro Santa Efigênia, CEP 30260-070, representado por seu Presidente, o senhor Sérgio Augusto Santos Rodrigues, inscrito da Carteira da Ordem dos Advogados do Brasil, Secção Minas Gerais, nº 98.732, subscritor do capital social inicial da Companhia em organização, devidamente qualificado no Boletim de Subscrição, que constitui o Anexo I a esta Ata de Assembleia de Constituição.

COMPOSIÇÃO DA MESA: Presidente: Sérgio Augusto Santos Rodrigues
Secretário: Paulo Henrique Vieira de Assis

CONVOCAÇÃO: Dispensada, tendo em vista a presença da totalidade dos acionistas, nos termos do parágrafo 4º do artigo 124 da Lei n.º 6.404, de 15 de dezembro de 1976, conforme alterada ("Lei n.º 6.404/76").

ORDEM DO DIA: (i) Aprovar a constituição de uma sociedade anônima do futebol sob a denominação social de CRUZEIRO ESPORTE CLUBE - SOCIEDADE ANÔNIMA DO FUTEBOL, com Sede e Foro na Cidade de Belo Horizonte, Estado de Minas Gerais, na Avenida dos Andradas, n.º 3.000, 10º andar, bairro Santa Efigênia, na Cidade de Belo Horizonte, Estado de Minas Gerais, CEP 30260-070, que funcionará em estágio pré-operacional até o dia 31 de dezembro de 2021, para fins de cumprimento de todos os requisitos legais e estatutários que não são possíveis de serem atendidos de imediato, nesse momento de constituição; (ii) nomear perito contábil para a realização do Laudo de Avaliação de direitos conferidos à Companhia a título de constituição do seu capital social inicial; (iii) aprovar o Laudo de Avaliação; (iv) Aprovar o capital social inicial de R$ 22.920.000,00 (vinte e dois milhões novecentos e vinte mil reais), representado por 22.920.000 (vinte e dois milhões novecentas e vinte mil) ações ordinárias da classe A, todas nominativas e sem valor nominal, detidas integralmente pelo acionista constituinte CRUZEIRO ESPORTE CLUBE, ao preço de emissão de R$ 1,00 (Um real) cada uma, totalmente subscritas e integralizadas, nos termos do Boletim de Subscrição; (v) Aprovar o Estatuto Social da Companhia

CRUZEIRO ESPORTE CLUBE
Av. dos Andradas, 3.000 – Santa Efigênia – 30260-070
Belo Horizonte - MG
(31) 3349-1500
cruzeiro.com.br

Ata de constituição da primeira SAF brasileira

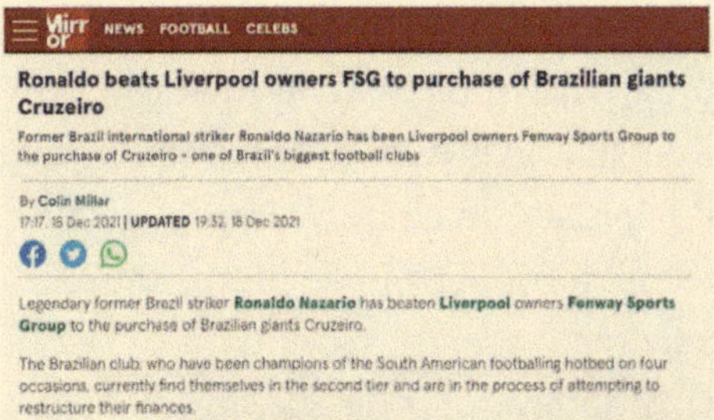

NEWS FOOTBALL CELEBS

Ronaldo beats Liverpool owners FSG to purchase of Brazilian giants Cruzeiro

Former Brazil international striker Ronaldo Nazario has been Liverpool owners Fenway Sports Group to the purchase of Cruzeiro - one of Brazil's biggest football clubs

By Colin Millar
17:17, 18 Dec 2021 | UPDATED 19:32, 18 Dec 2021

Legendary former Brazil striker **Ronaldo Nazario** has beaten **Liverpool** owners **Fenway Sports Group** to the purchase of Brazilian giants Cruzeiro.

The Brazilian club, who have been champions of the South American footballing hotbed on four occasions, currently find themselves in the second tier and are in the process of attempting to restructure their finances.

eldeportivo

El Fenómeno Ronaldo se convierte en el flamante propietario del Cruzeiro

El otrora crack brasileño, devenido en empresario deportivo, compró el club de Belo Horizonte, en el cual se formó como futbolista. Es el segundo equipo de su propiedad, uniéndose al Valladolid.

The Guardian — Home · Nigeria · World · Politics · Sport · Opinion

Ronaldo says he is buying first club Cruzeiro

By Guardian Nigeria

ESPN

Ronaldo es el nuevo propietario del Cruzeiro

Clarín Deportes

Ronaldo compró el Cruzeiro: "Quiero llevarlo donde merece estar"

Olé

La millonaria inversión de Ronaldo para comprar al Cruzeiro

Imprensa internacional repercute compra do Cruzeiro pelo jogador Ronaldo

Após o Cruzeiro, o Botafogo de Futebol e Regatas anunciou, no dia 10 de janeiro de 2022, a intenção de vender 90% das ações de sua SAF para o empresário americano John Textor, já acionista de clubes como Lyon (França) e Crystal Palace (Inglaterra). Em 10 de março de 2022 a operação foi concretizada.

Por fim, em 21 de fevereiro de 2022 o também carioca Vasco da Gama divulgou a assinatura de um memorando de entendimentos com o fundo de investimento 777 Partners – também já acionista de outros clubes no mundo, como o Genoa (Italia) e Sevilla (Espanha) – para aportar R$ 700 milhões em troca de 70% de participação no clube, passando a correr, a partir daquele dia, um prazo de 90 dias para realização da *due dilligence* que confirmaria o investimento.

O trabalho, assessorado por escritórios de advocacia e empresas de consultoria por ambos os lados, acabou durando um pouco mais e, em 2 de setembro de 2022 a conclusão da operação foi assinada, tornando-se a empresa responsável pelo controle do departamento de futebol do clube.

Inevitavelmente, os três negócios foram amplamente comparados para saber quem havia feito a melhor venda. Entretanto, entendemos que as situações que cada clube vivia eram muito distintas, motivo pelo qual é complicado fazer a análise diante de tantos pormenores. Não se sabe a real situação de salários atrasados de Vasco e Botafogo à época, mas o balanço das equipes os colocava entre os maiores devedores do país até aquele momento.

O Cruzeiro, como explicado, tinha grandes dívidas de curto prazo perante a FIFA, acumuladas ao longo dos últimos anos, conforme tabela anteriormente mostrada. Ainda, importante destacar que há uma responsabilidade subsidiária dos compradores das ações da SAF pelo pagamento de dívidas anteriores dos clubes-associação. Logo, ainda que uma operação de compra e venda implique em baixa injeção de recurso financeiro imediato, o risco de assumir a dívida pretérita precisa entrar na conta.

No aspecto econômico também é importante frisar que a experiência vista pelo mundo faz acreditar que os investidores do futebol trabalham mais para valorizar o negócio e vendê-lo, em todo ou em parte, do que efetivamente distribuir lucro para seus acionistas mensal ou anualmente. Isso também explica a razão pela qual quem adquire ações de SAF hoje o faz em um quantitativo que lhe permita, mais à frente, se desfazer de parte sem perder a condição de majoritário do clube.

Após a onda inicial das vendas de Cruzeiro, Botafogo e Vasco vimos um novo momento de operações no Brasil, marcado sobretudo pelas aquisições de Bahia e Coritiba. O tricolor baiano teve confirmada a venda de 90% das ações de sua SAF para o poderoso Grupo City, proprietário de 13 clubes em quatro continentes, em maio de 2023, após um ano de negociações.

O clube da capital paranaense já seguiu um modelo diferente. Primeiro, porque optou por ajuizar seu processo de recuperação judicial antes mesmo da SAF, dando, assim, o tratamento à sua dívida antes da efetiva venda. Segundo, porque alienou 90% de suas ações para uma gestora de investimento de empresas brasileira, a Treecorp, algo até então inédito no Brasil, mas que mostra a diversificação do potencial de investimentos que a SAF trouxe à indústria do futebol nacional. O negócio, também confirmado em maio de 2023, trouxe ao portfólio da empresa adquirente o primeiro clube de futebol dentre os seus investimentos.

Vários outros clubes já se transformaram em SAF e estão negociando suas ações, como outros entenderam que ainda não é o momento para isso. Mas, como nos grandes mercados livres que se prezem, acreditamos que o próprio meio vai mostrando os melhores caminhos para se seguir. Desbravar é mais difícil. Os corajosos pioneiros serão taxados de heróis ou vilões a depender do resultado desportivo, mas certamente serão exemplos para outros que virão.

De qualquer forma, já vemos diferentes e interessantes modelos de gestão que podem inspirar futuras negociações nesse inevitável caminho a ser seguido no futebol brasileiro que, sem dúvida, atinge outro patamar ao entender que o esporte transcende a paixão.

CONCLUSÃO

A pergunta sobre a SAF ser a solução do futebol brasileiro já respondemos: não é!!! Mas talvez o maior desafio desse novo modelo econômico e cultural do futebol brasileiro seja desassociar a análise do seu sucesso diante do resultado desportivo (por enquanto).

Indubitável que no futebol, de uma forma geral, mas com mais destaque no Brasil, quando um time ganha conclui-se que está tudo certo; e quando perde está tudo errado. Por sorte as três primeiras SAFs do Brasil tiveram sucesso em seu primeiro ano: Cruzeiro campeão Brasileiro da série B com folga, Vasco consegue o acesso após dois anos na série B e Botafogo, em seu primeiro ano após o acesso, ficou em 11º lugar na série A (considerado sucesso porque a meta da maioria dos times que sobem é permanecer na série A no primeiro ano, embora as torcidas discordem disso) – e enquanto concluímos este livro o alvinegro carioca lidera com folga o Brasileirão 2023.

Mas chegará um momento (assim esperamos) que teremos 20 SAFs ne série A e 20 SAFs na série B e, consequentemente, naquela só haverá um campeão e quatro cairão, enquanto nesta 16 não subirão, de forma que, para o torcedor, a maioria das SAFs não terá um ano de sucesso. Este fato reforça, portanto, o argumento de que o modelo empresarial não significa bom desempenho desportivo, mas uma nova forma de viver e encarar o futebol. No exterior já é assim e, obviamente, nem a imprensa nem a torcida culpam os eventuais insucessos desportivos pelo modelo SAF. Precisaremos aprender isso.

Parece-nos, também, que não teremos investidores despejando dinheiro nos clubes brasileiros como acontece e aconteceu em alguns casos lá fora. Bilionários russos, chineses, indianos, árabes, em dado momento, fizeram esse movimento na Europa, mas talvez vislumbrando um aspecto de marketing, seja empresarial ou pessoal. O próprio Grupo City, ao comprar 90% das ações da SAF do Bahia, deu a entender, através de entrevistas de seus representantes, que fará investimentos no time, mas de forma moderada e proporcional, diferentemente do investimento que faz em seu clube inglês, por exemplo.

Isso é bom para que não se crie a ilusão de que, aqui, investidores serão tão somente fornecedores de dinheiro. Até porque o dinheiro aqui, em muitos casos, será usado para pagar grandes dívidas e investir em infraestrutura e inteligência que muitos clubes ainda precisam melhorar: centros de treinamento, futebol de base, análise de desempenho, fisiologia, departamento médico, estádios etc.

Para um futuro melhor, é mais importante aprender a gestão do futebol que, como falamos na introdução, a Europa já vem praticando há mais tempo, do que simplesmente receber dinheiro, comprar jogador e torcer para que tudo dê certo – modelo que não funcionou no Brasil na década de 1990, conforme anteriormente retratado.

Assim, acreditamos que em médio e longo prazo o reflexo de gestões mais profissionais e com governança impactará positivamente na qualidade dos campeonatos, tornando-os mais competitivos e, assim, trazendo mais recursos para os clubes brasileiros. Não é à toa que o crescimento do movimento da Liga de Futebol no Brasil veio junto com a implementação das SAFs. Clubes mais bem geridos, de forma profissional, são o primeiro passo para torneios de qualidade. Veja-se como a Inglaterra transformou a Premier League nos últimos anos, batendo recordes sucessivos de arrecadação que, naturalmente, voltam para os próprios clubes, estabelecendo-se assim um ciclo virtuoso sólido e crescente.

CICLO VIRTUOSO DO FUTEBOL

Esse é o modelo que esperamos ver consolidado no Brasil o quanto antes. O país que sempre foi referência no futebol não pode passar 25 anos sem sequer ir às finais da Copa do Mundo, nem ver seus principais talentos serem vendidos antes mesmo de completar 18 anos de idade. Independentemente de desvalorização cambial, é possível construir um trabalho perene de gestão e desenvolvimento para que não fiquemos tão atrasados no cenário desportivo mundial. Que a SAF seja o primeiro passo para isso!

EPÍLOGO
ALTERAÇÕES PROPOSTAS À LSAF EM JUNHO DE 2023

Quando finalizei a redação deste livro, noticiou-se a apresentação do Projeto de Lei 2.978/23 pelo senador Rodrigo Pacheco, autor da lei e presidente do Congresso Nacional, com fito a *"resguardar os investidores e preservar os direitos dos clubes, dos profissionais do futebol e dos atletas em formação"*. Com o texto, busca-se pacificar exatamente alguns temas que vem sendo motivo de discussão judicial e o objetivo do senador, como exposto na justificativa do PL, é deixar a LSFA mais sólida e fiel aos objetivos citados ao longo desta obra.

Quanto ao tratamento das dívidas, abordado no capítulo 5.4 do livro, propõe-se incluir na lei – art. 10 – que o clube/associação originária é ***exclusivamente e integralmente responsável pelo pagamento das obrigações à constituição da SAF,*** reforçando o que defendemos ser a corrente correta de interpretação da lei. Ao acrescer o *exclusivamente e integralmente* pretende o legislador não deixar mais margem à interpretação do julgador para condenar a SAF de forma solidária, como tem sido feito em alguns casos.

Ainda no tema, também para evitar aplicação equivocada da norma, inclui-se o parágrafo 7º ao art. 2º para determinar que *"a constituição da sociedade anônima do futebol não implica a formação de grupo econômico entre ela e o clube ou pessoa jurídica original que a constituir"*, encerrando-se assim o debate jurisprudencial que começou a ser travado na Justiça do Trabalho, conforme exposto aqui anteriormente.

O RCE, cujas divergências práticas abordamos no capítulo 5.3, recebeu o seguinte esclarecimento no art. 14, parágrafo 3º, do projeto de reforma da lei: *"O Regime Centralizado de Execuções se destina apenas ao clube ou à pessoa jurídica original que tiver constituído a Sociedade Anônima do Futebol na forma dos incisos II ou IV do caput do art. 2º"*. Este também era um ponto que citamos como polêmico, inclusive colocando o caso do Fluminense como paradigma, mas que, pelo menos na Justiça do Trabalho, já estava consolidado o entendimento agora trazido no texto legal pelo Provimento CGJT 01 da Corregedoria-Geral do TST. Sem dúvidas que, com alteração da lei, o mesmo valerá agora para o RCE no âmbito cível. Neste ponto, ainda, não acredito que o Fluminense irá perder o benefício, já em prática na Justiça do Trabalho do Rio.

Há a inclusão do parágrafo 2º ao art. 25 para extinguir automaticamente o Regime Centralizado de Execuções quando for deferido o processamento da recuperação judicial formulado pelo clube, que já é um caminho natural para que não existam dois juízos coletivos de credores. No caso do Cruzeiro, por exemplo, teve-se que pedir expressamente a extinção do RCE nos âmbitos cível e trabalhista, o que foi prontamente deferido. Aprovado o PL, tal decisão poderá será automática.

Buscando maior profissionalização e adequação ao mercado, sugere-se acrescentar o parágrafo 6º ao art. 5º para exigir que ao menos um membro do conselho de administração e um membro do conselho fiscal sejam independentes, de acordo com o que estabelece a Comissão de Valores Mobiliários. Medida importante, embora, na prática, a SAF que quiser passar o recado de boas práticas de governança deverá fazer isso independentemente de lei, para sua própria valorização. Neste caso, lembro inclusive do que foi feito no contrato de venda do Cruzeiro, exigindo qualificação objetiva dos conselheiros a serem indicados pela associação originária.

Como o primeiro movimento de SAF no Brasil envolveu investimento por parte de estrangeiros, o projeto prevê no art. 5º-A a constituição obrigatória de um responsável no país para receber citações, intimações ou convocações em quaisquer ações, processos administrativos ou procedimentos arbitrais ou judiciais propostos contra a SAF e/ou seus investidores, sejam pessoas físicas ou jurídicas. Assim, não haveria o velho problema que vemos na Justiça de processos não tramitarem por não encontrar a pessoa que reside fora.

No mais, há outras alterações pontuais, mas que entendemos serem menos relevantes na prática que as ora citadas. De toda sorte, o texto na íntegra do referido PL consta do Anexo II deste livro para análise detalhada do leitor interessado.

POSFÁCIO

A Lei da SAF é de autoria e importante iniciativa do senador e presidente do Congresso Nacional, Rodrigo Pacheco (PSD-MG). Foi, antes, concebida pela dupla brilhante de advogados paulistas, Mansur-Castro. Com a generosidade do senador Marcos Rogério (RO-PL) coube a mim o relatório do então projeto de lei e a ele emprestei muito do que vivi como advogado especializado no Direito Desportivo, com atuação em favor dos mais diversos clubes do Brasil, como também para uma variedade de atletas.

O processo de construção foi um exercício da democracia participativa, reunindo em rodadas setoriais os principais atores do esporte, atletas, clubes, federações, confederação, advogados de credores, advogados especializados em recuperação judicial, advogados trabalhistas, magistrados, associações de Direito Desportivo, associações de atletas e sindicato, a Ordem dos Advogados do Brasil, audiências públicas no Senado e em estados das regiões sul, sudeste, norte, nordeste e centro-oeste. O texto final contou com a mais ampla participação e foi aprovado pelos 81 senadores e por larga maioria na Câmara dos Deputados. Veio a sanção presidencial e a derrubada de poucos vetos pelo Congresso Nacional – com destaque sobre o regime especial de tributação adotado.

ATENÇÃO – Antes de ser uma transformação esportiva, a SAF é uma transformação cultural! Superado isso, com gestão e responsabilidade, o que é regra numa sociedade empresarial, equacionam-se as dívidas. Todos ganham. Clube e credores. Com maior capacidade de investimento e a retomada do crédito no mercado, virão os resultados esportivos. Ganha o torcedor e o futebol brasileiro. Mas é preciso paciência para percorrer essa sequência com os seus ciclos de duração, os seus percalços e imprevistos. Qualquer desvio ou cacoete de algum passado "cartola" ainda na memória e... tudo a perder! É com paciência, responsabilidade financeira e visão empresarial que os resultados aparecem.

MAXIMA ATENÇÃO – Que fique claro: a SAF não é a salvação do futebol brasileiro! Tivemos humildade e juízo suficientes para nunca sequer ter cogitado ou dado a entender isso. Mesmo porque há clubes no Brasil que, com gestão e planejamento, quitaram as suas dívidas ou equacionaram com rigor o seu passivo e hoje são muito mais competitivos, mesmo sob o modelo de associação civil ou tendo adotado outras formas do clube-empresa. Para ilustrar, não se resume somente ao exemplo do Flamengo. Há também Athletico Paranaense, CSA, Atlético Goianiense e outros, como Brasiliense, Cuiabá ou Red Bull Bragantino, tanto empresas (Ltda), como associações civis. Por isso SAF é facultativa.

Também porque se todos os clubes um dia dormissem associação civil e acordassem noutro dia empresa pela força da caneta do legislador e o intervencionismo do Estado, superando a sua autonomia constitucional, seriam os clubes que teriam que correr atrás dos seus investidores no dia seguinte, depreciando-se. Sendo facultativa, como é a SAF, o clube valoriza-se. É o clube o alvo do investidor. É a parte a ser seduzida.

VANTAGENS – A SAF, como sociedade anônima, é um modelo empresarial maduro e conhecido pelo mercado e pelos investidores. Só uma sociedade anônima tem acesso a alguns instrumentos de mercado que permitem sua capitalização e financiamento. Outros tipos societários possíveis a um clube-empresa, não necessariamente.

A lei, ademais, confere alternativas para a quitação das dívidas. Não somente pela injeção de capital e a responsabilidade com o pagamento do passivo do clube (futebol) que os investidores assumem no tempo; também por possibilitar a escolha do caminho a seguir quando o caso, se por recuperação judicial ou pelo Regime Centralizado de Execuções; pelos instrumentos e o acesso ao mercado que somente uma sociedade anônima possui; como também pelo o que chamo de "aceleradores" para a quitação das dívidas, como, por exemplo, a cessão do credito, o deságio e a conversão do crédito em ações. O cuidado no tratamento das dívidas acrescentei ao texto original da Lei da SAF no meu substitutivo, como o regime especial tributário. E isso é fundamental para clubes, atletas e credores (futebol).

ADVERTÊNCIA – O impulso que a SAF deu ao mercado, logo quando sancionada a lei, permitiu num primeiro momento iniciar o histórico resgate de clubes como Cruzeiro, Botafogo, Vasco, Bahia e outros mais que, num segundo momento, vão consolidar a Lei da SAF, permitindo os mais diversos modelos de negócio adaptado ao tamanho do clube, o seu momento e objetivo social.

Contudo, a SAF não é sinônimo de imediato sucesso! Afinal, qualquer negócio quando mal gerido não prevalece. Assim é a vida do empresário. No estado de insolvência já viviam antes vários clubes como associações civis. Isso é fato. Não a SAF. Ela inspira uma alternativa nova para quem estiver disposto a embarcar nessa transformação, cultural, econômica e esportiva.

Não temo. O futebol é um esporte secular e pródigo em receitas e aficionados. Torcedores e/ou investidores.

Bem-vindos à nova era.

Viva o futebol brasileiro!

Carlos Portinho
Advogado Especializado em Direito Desportivo
Senador da República (PL-RJ)

ANEXO I
LEI 14.193/21

Presidência da República
Secretaria-Geral
Subchefia para Assuntos Jurídicos

LEI Nº 14.193, DE 6 DE AGOSTO DE 2021

Mensagem de veto

(Promulgação partes vetadas)

Institui a Sociedade Anônima do Futebol e dispõe sobre normas de constituição, governança, controle e transparência, meios de financiamento da atividade futebolística, tratamento dos passivos das entidades de práticas desportivas e regime tributário específico; e altera as Leis nºs 9.615, de 24 de março de 1998, e 10.406, de 10 de janeiro de 2002 (Código Civil).

O PRESIDENTE DA REPÚBLICA Faço saber que o Congresso Nacional decreta e eu sanciono a seguinte Lei:

CAPÍTULO I

DA SOCIEDADE ANÔNIMA DO FUTEBOL

Seção I

Disposições Introdutórias

Art. 1º Constitui Sociedade Anônima do Futebol a companhia cuja atividade principal consiste na prática do futebol, feminino e masculino, em competição profissional, sujeita às regras específicas desta Lei e, subsidiariamente, às disposições da Lei nº 6.404, de 15 de dezembro de 1976, e da Lei nº 9.615, de 24 de março de 1998.

§ 1º Para os fins desta Lei, considera-se:

I - clube: associação civil, regida pela Lei nº 10.406, de 10 de janeiro de 2002 (Código Civil), dedicada ao fomento e à prática do futebol;

II - pessoa jurídica original: sociedade empresarial dedicada ao fomento e à prática do futebol; e

III - entidade de administração: confederação, federação ou liga, com previsão na Lei nº 9.615, de 24 de março de 1998, que administra, dirige, regulamenta ou organiza competição profissional de futebol.

§ 2º O objeto social da Sociedade Anônima do Futebol poderá compreender as seguintes atividades:

I - o fomento e o desenvolvimento de atividades relacionadas com a prática do futebol, obrigatoriamente nas suas modalidades feminino e masculino;

II - a formação de atleta profissional de futebol, nas modalidades feminino e masculino, e a obtenção de receitas decorrentes da transação dos seus direitos desportivos;

III - a exploração, sob qualquer forma, dos direitos de propriedade intelectual de sua titularidade ou dos quais seja cessionária, incluídos os cedidos pelo clube ou pessoa jurídica original que a constituiu;

IV - a exploração de direitos de propriedade intelectual de terceiros, relacionados ao futebol;

V - a exploração econômica de ativos, inclusive imobiliários, sobre os quais detenha direitos;

VI - quaisquer outras atividades conexas ao futebol e ao patrimônio da Sociedade Anônima do Futebol, incluída a organização de espetáculos esportivos, sociais ou culturais;

VII - a participação em outra sociedade, como sócio ou acionista, no território nacional, cujo objeto seja uma ou mais das atividades mencionadas nos incisos deste parágrafo, com exceção do inciso II.

§ 3º A denominação da Sociedade Anônima do Futebol deve conter a expressão "Sociedade Anônima do Futebol" ou a abreviatura "S.A.F.".

§ 4º Para os efeitos da Lei nº 9.615, de 24 de março de 1998, a Sociedade Anônima do Futebol é uma entidade de prática desportiva.

Seção II

Da Constituição da Sociedade Anônima do Futebol

Art. 2º A Sociedade Anônima do Futebol pode ser constituída:

I - pela transformação do clube ou pessoa jurídica original em Sociedade Anônima do Futebol;

II - pela cisão do departamento de futebol do clube ou pessoa jurídica original e transferência do seu patrimônio relacionado à atividade futebol;

III - pela iniciativa de pessoa natural ou jurídica ou de fundo de investimento.

§ 1º Nas hipóteses dos incisos I e II do **caput** deste artigo:

I - a Sociedade Anônima do Futebol sucede obrigatoriamente o clube ou pessoa jurídica original nas relações com as entidades de administração, bem como nas relações contratuais, de qualquer natureza, com atletas profissionais do futebol; e

II - a Sociedade Anônima do Futebol terá o direito de participar de campeonatos, copas ou torneios em substituição ao clube ou pessoa jurídica original, nas mesmas condições em que se encontravam no momento da sucessão, competindo às entidades de administração a devida substituição sem quaisquer prejuízos de ordem desportiva.

§ 2º Na hipótese do inciso II do **caput** deste artigo:

I - os direitos e deveres decorrentes de relações, de qualquer natureza, estabelecidos com o clube, pessoa jurídica original e entidades de administração, inclusive direitos de participação em competições profissionais, bem como contratos de trabalho, de uso de imagem ou quaisquer outros contratos vinculados à atividade do futebol serão obrigatoriamente transferidos à Sociedade Anônima do Futebol;

II - o clube ou pessoa jurídica original e a Sociedade Anônima do Futebol deverão contratar, na data de constituição desta, a utilização e o pagamento de remuneração decorrente da exploração pela Sociedade Anônima do Futebol de direitos de propriedade intelectual de titularidade do clube ou pessoa jurídica original;

III - os bens e direitos serão transferidos à Sociedade Anônima do Futebol em definitivo ou a termo, conforme estabelecido em contrato;

IV - a transferência dos direitos e do patrimônio para a Sociedade Anônima do Futebol independe de autorização ou consentimento de credores ou partes interessadas, inclusive aqueles de natureza pública, salvo se disposto de modo diverso em contrato ou outro negócio jurídico;

V - se as instalações desportivas, como estádio, arena e centro de treinamento, não forem transferidas para a Sociedade Anônima do Futebol, o clube ou pessoa jurídica original e a Sociedade Anônima do Futebol deverão celebrar, na data de constituição desta, contrato no qual se estabelecerão as condições para utilização das instalações;

VI - o clube ou pessoa jurídica original não poderá participar, direta ou indiretamente, de competições profissionais do futebol, sendo a participação prerrogativa da Sociedade Anônima do Futebol por ele constituída; e

VII - a Sociedade Anônima do Futebol emitirá obrigatoriamente ações ordinárias da classe A para subscrição exclusivamente pelo clube ou pessoa jurídica original que a constituiu.

§ 3º Enquanto as ações ordinárias da classe A corresponderem a pelo menos 10% (dez por cento) do capital social votante ou do capital social total, o voto afirmativo do seu titular no âmbito da assembleia geral será condição necessária para a Sociedade Anônima do Futebol deliberar sobre:

I - alienação, oneração, cessão, conferência, doação ou disposição de qualquer bem imobiliário ou de direito de propriedade intelectual conferido pelo clube ou pessoa jurídica original para formação do capital social;

II - qualquer ato de reorganização societária ou empresarial, como fusão, cisão, incorporação de ações, incorporação de outra sociedade ou trespasse;

III - dissolução, liquidação e extinção; e

IV - participação em competição desportiva sobre a qual dispõe o art. 20 da Lei nº 9.615, de 24 de março de 1998.

§ 4º Além de outras matérias previstas no estatuto da Sociedade Anônima do Futebol, depende da concordância do titular das ações ordinárias da classe A, independentemente do percentual da participação no capital votante ou social, a deliberação, em qualquer órgão societário, sobre as seguintes matérias:

I - alteração da denominação;

II - modificação dos signos identificativos da equipe de futebol profissional, incluídos símbolo, brasão, marca, alcunha, hino e cores; e

III - mudança da sede para outro Município.

§ 5º O estatuto da Sociedade Anônima do Futebol constituída por clube ou pessoa jurídica original pode prever outros direitos para o titular das ações ordinárias da classe A.

§ 6º Depende de aprovação prévia do clube ou pessoa jurídica original, que é titular de ações ordinárias da classe A, qualquer alteração no estatuto da Sociedade Anônima do Futebol para modificar, restringir ou subtrair os direitos conferidos por essa classe de ações, ou para extinguir a ação ordinária da classe A.

Art. 3º O clube ou pessoa jurídica original poderá integralizar a sua parcela ao capital social na Sociedade Anônima do Futebol por meio da transferência à companhia de seus ativos, tais como, mas não exclusivamente, nome, marca, dísticos, símbolos, propriedades, patrimônio, ativos imobilizados e mobilizados, inclusive registros, licenças, direitos desportivos sobre atletas e sua repercussão econômica.

Parágrafo único. Enquanto o clube ou pessoa jurídica original registrar, em suas demonstrações financeiras, obrigações anteriores à constituição da companhia, será vedada:

I - a transferência ou alienação do seu ativo imobilizado que contenha gravame ou tenha sido dado em garantia, exceto mediante autorização do respectivo credor;

II - o desfazimento da sua participação acionária na integralidade.

Seção III

Da Governança da Sociedade Anônima do Futebol

Art. 4º O acionista controlador da Sociedade Anônima do Futebol, individual ou integrante de acordo de controle, não poderá deter participação, direta ou indireta, em outra Sociedade Anônima do Futebol.

Parágrafo único. O acionista que detiver 10% (dez por cento) ou mais do capital votante ou total da Sociedade Anônima do Futebol, sem a controlar, se participar do capital social de outra Sociedade Anônima do Futebol, não terá direito a voz nem a voto nas assembleias gerais, nem poderá participar da administração dessas companhias, diretamente ou por pessoa por ele indicada.

Art. 5º Na Sociedade Anônima do Futebol, o conselho de administração e o conselho fiscal são órgãos de existência obrigatória e funcionamento permanente.

§ 1º Não poderá ser integrante do conselho de administração, conselho fiscal ou diretoria da Sociedade Anônima do Futebol:

I - membro de qualquer órgão de administração, deliberação ou fiscalização, bem como de órgão executivo, de outra Sociedade Anônima do Futebol;

II - membro de qualquer órgão de administração, deliberação ou fiscalização, bem como de órgão executivo, de clube ou pessoa jurídica original, salvo daquele que deu origem ou constituiu a Sociedade Anônima do Futebol;

III - membro de órgão de administração, deliberação ou fiscalização, bem como de órgão executivo, de entidade de administração;

IV - atleta profissional de futebol com contrato de trabalho desportivo vigente;

V - treinador de futebol em atividade com contrato celebrado com clube, pessoa jurídica original ou Sociedade Anônima do Futebol; e

VI - árbitro de futebol em atividade.

§ 2º O estatuto da Sociedade Anônima do Futebol poderá estabelecer outros requisitos necessários à eleição para o conselho de administração.

§ 3º Não poderá receber nenhuma remuneração o membro do conselho de administração que cumulativamente for associado e integrar qualquer órgão, eletivo ou não, de administração, deliberação ou fiscalização do clube ou pessoa jurídica original enquanto esse for acionista da respectiva Sociedade Anônima do Futebol.

§ 4º Não poderá ser eleito para o conselho fiscal ou para a diretoria o empregado ou membro de qualquer órgão, eletivo ou não, de administração, deliberação ou fiscalização do clube ou pessoa jurídica original enquanto esse for acionista da respectiva Sociedade Anônima do Futebol.

§ 5º Os diretores deverão ter dedicação exclusiva à administração da Sociedade Anônima do Futebol, observados, se houver, os critérios estabelecidos no estatuto.

Art. 6º A pessoa jurídica que detiver participação igual ou superior a 5% (cinco por cento) do capital social da Sociedade Anônima do Futebol deverá informar a esta, assim como à entidade nacional de administração do desporto, o nome, a qualificação, o endereço e os dados de contato da pessoa natural que, direta ou indiretamente, exerça o seu controle ou que seja a beneficiária final, sob pena de suspensão dos direitos políticos e retenção dos dividendos, dos juros sobre o capital próprio ou de outra forma de remuneração declarados, até o cumprimento desse dever.

Parágrafo único. (VETADO).

Art. 7º A Sociedade Anônima do Futebol que tiver receita bruta anual de até R$ 78.000.000,00 (setenta e oito milhões de reais) poderá realizar todas as publicações obrigatórias por lei de forma eletrônica, incluídas as convocações, atas e demonstrações financeiras, e deverá mantê-las, no próprio sítio eletrônico, durante o prazo de 10 (dez) anos.

Art. 8º A Sociedade Anônima do Futebol manterá em seu sítio eletrônico:

I - (VETADO);

II - o estatuto social e as atas das assembleias gerais;

III - a composição e a biografia dos membros do conselho de administração, do conselho fiscal e da diretoria; e

IV - o relatório da administração sobre os negócios sociais, incluído o Programa de Desenvolvimento Educacional e Social, e os principais fatos administrativos.

§ 1º As informações listadas no **caput** deste artigo deverão ser atualizadas mensalmente.

§ 2º Os administradores da Sociedade Anônima do Futebol respondem pessoalmente pela inobservância do disposto neste artigo.

§ 3º O clube ou pessoa jurídica original que esteja em recuperação judicial, extrajudicial ou no Regime Centralizado de Execuções, a que se refere esta Lei, deverá manter em seu sítio eletrônico relação ordenada de seus credores, atualizada mensalmente.

§ 4º Os administradores do clube ou pessoa jurídica original respondem pessoalmente pela inobservância do disposto no § 3º deste artigo.

Seção IV

Das Obrigações da Sociedade Anônima do Futebol

Art. 9º A Sociedade Anônima do Futebol não responde pelas obrigações do clube ou pessoa jurídica original que a constituiu, anteriores ou posteriores à data de sua constituição, exceto quanto às atividades específicas do seu objeto social, e responde pelas obrigações que lhe forem transferidas conforme disposto no § 2º do art. 2º desta Lei, cujo pagamento aos credores se limitará à forma estabelecida no art. 10 desta Lei.

Parágrafo único. Com relação à dívida trabalhista, integram o rol dos credores mencionados no **caput** deste artigo os atletas, membros da comissão técnica e funcionários cuja atividade principal seja vinculada diretamente ao departamento de futebol.

Art. 10. O clube ou pessoa jurídica original é responsável pelo pagamento das obrigações anteriores à constituição da Sociedade Anônima do Futebol, por meio de receitas próprias e das seguintes receitas que lhe serão transferidas pela Sociedade Anônima do Futebol, quando constituída exclusivamente:

I - por destinação de 20% (vinte por cento) das receitas correntes mensais auferidas pela Sociedade Anônima do Futebol, conforme plano aprovado pelos credores, nos termos do inciso I do **caput** do art. 13 desta Lei;

II - por destinação de 50% (cinquenta por cento) dos dividendos, dos juros sobre o capital próprio ou de outra remuneração recebida desta, na condição de acionista.

Art. 11. Sem prejuízo das disposições relativas à responsabilidade dos dirigentes previstas no art. 18-B da Lei nº 9.615, de 24 de março de 1998, os administradores da Sociedade Anônima do Futebol respondem pessoal e solidariamente pelas obrigações relativas aos repasses financeiros definidos no art. 10 desta Lei, assim como respondem, pessoal e solidariamente, o presidente do clube ou os sócios administradores da pessoa jurídica original pelo pagamento aos credores dos valores que forem transferidos pela Sociedade Anônima do Futebol, conforme estabelecido nesta Lei.

Art. 12. Enquanto a Sociedade Anônima do Futebol cumprir os pagamentos previstos nesta Seção, é vedada qualquer forma de constrição ao patrimônio ou às receitas, por penhora ou ordem de bloqueio de valores de qualquer natureza ou espécie sobre as suas receitas, com relação às obrigações anteriores à constituição da Sociedade Anônima do Futebol.

Seção V

Do Modo de Quitação das Obrigações

Art. 13. O clube ou pessoa jurídica original poderá efetuar o pagamento das obrigações diretamente aos seus credores, ou a seu exclusivo critério:

I - pelo concurso de credores, por intermédio do Regime Centralizado de Execuções previsto nesta Lei; ou

II - por meio de recuperação judicial ou extrajudicial, nos termos da Lei nº 11.101, de 9 de fevereiro de 2005.

Subseção I

Do Regime Centralizado de Execuções

Art. 14. O clube ou pessoa jurídica original que optar pela alternativa do inciso I do **caput** do art. 13 desta Lei submeter-se-á ao concurso de credores por meio do Regime Centralizado de Execuções, que consistirá em concentrar no juízo centralizador as execuções, as suas receitas e os valores arrecadados na forma do art. 10 desta Lei, bem como a distribuição desses valores aos credores em concurso e de forma ordenada.

§ 1º Na hipótese de inexistência de órgão de centralização de execuções no âmbito do Judiciário, o juízo centralizador será aquele que tiver ordenado o pagamento da dívida em primeiro lugar.

§ 2º O requerimento deverá ser apresentado pelo clube ou pessoa jurídica original e será concedido pelo Presidente do Tribunal Regional do Trabalho, quanto às dívidas trabalhistas, e pelo Presidente do Tribunal de Justiça, quanto às dívidas de natureza civil, observados os requisitos de apresentação do plano de credores, conforme disposto no art. 16 desta Lei.

Art. 15. O Poder Judiciário disciplinará o Regime Centralizado de Execuções, por meio de ato próprio dos seus tribunais, e conferirá o prazo de 6 (seis) anos para pagamento dos credores.

§ 1º Na ausência da regulamentação prevista no **caput** deste artigo, competirá ao Tribunal Superior respectivo suprir a omissão.

§ 2º Se o clube ou pessoa jurídica original comprovar a adimplência de ao menos 60% (sessenta por cento) do seu passivo original ao final do prazo previsto no **caput** deste artigo, será permitida a prorrogação do Regime Centralizado de Execuções por mais 4 (quatro) anos, período em que o percentual a que se refere o inciso I do **caput** do art. 10 desta Lei poderá, a pedido do interessado, ser reduzido pelo juízo centralizador das execuções a 15% (quinze por cento) das suas receitas correntes mensais.

Art. 16. Ao clube ou pessoa jurídica original que requerer a centralização das suas execuções será concedido o prazo de até 60 (sessenta) dias para apresentação do seu plano de credores, que deverá conter obrigatoriamente os seguintes documentos:

I - o balanço patrimonial;

II - as demonstrações contábeis relativas aos 3 (três) últimos exercícios sociais;

III - as obrigações consolidadas em execução e a estimativa auditada das suas dívidas ainda em fase de conhecimento;

IV - o fluxo de caixa e a sua projeção de 3 (três) anos; e

V - o termo de compromisso de controle orçamentário.

Parágrafo único. Os clubes e as pessoas jurídicas originais deverão fornecer ao juízo centralizador e publicar em sítio eletrônico próprio as seguintes informações:

I - os documentos exigidos nos incisos III, IV e V do **caput** deste artigo;

II - a ordem da fila de credores com seus respectivos valores individualizados e atualizados; e

III - os pagamentos efetuados no período.

Art. 17. No Regime Centralizado de Execuções, consideram-se credores preferenciais, para ordenação do pagamento:

I - idosos, nos termos da Lei nº 10.741, de 1º de outubro de 2003 (Estatuto do Idoso);

II - pessoas com doenças graves;

III - pessoas cujos créditos de natureza salarial sejam inferiores a 60 (sessenta) salários-mínimos;

IV - gestantes;

V - pessoas vítimas de acidente de trabalho oriundo da relação de trabalho com o clube ou pessoa jurídica original;

VI - credores com os quais haja acordo que preveja redução da dívida original em pelo menos 30% (trinta por cento).

Parágrafo único. Na hipótese de concorrência entre os créditos, os processos mais antigos terão preferência.

Art. 18. O pagamento das obrigações previstas no art. 10 desta Lei privilegiará os créditos trabalhistas, e cumprirá ao plano de pagamento dos credores, apresentado pelo clube ou pessoa jurídica original, definir a sua destinação.

Parágrafo único. A partir da centralização das execuções, as dívidas de natureza cível e trabalhista serão corrigidas somente pela taxa referencial do Sistema Especial de Liquidação e de Custódia (Selic), ou outra taxa de mercado que vier a substituí-la.

Art. 19. É facultado às partes, por meio de negociação coletiva, estabelecer o plano de pagamento de forma diversa.

Art. 20. Ao credor, titular do crédito, é facultada a conversão, no todo ou em parte, da dívida do clube ou pessoa jurídica original em ações da Sociedade Anônima do Futebol ou em títulos por ela emitidos, desde que previsto em seu estatuto.

Art. 21. Ao credor de dívida trabalhista e ao credor de dívida cível, de qualquer valor, é facultado anuir, a seu critério exclusivo, a deságio sobre o valor do débito.

Art. 22. Ao credor de dívida trabalhista, como titular do crédito, a seu exclusivo critério, é facultada a cessão do crédito a terceiro, que ficará sub-rogado em todos os direitos e em todas as obrigações do credor e ocupará a mesma posição do titular do crédito original na fila de credores, devendo ser dada ciência ao clube ou pessoa jurídica original, bem como ao juízo centralizador da dívida para que promova a anotação.

Art. 23. Enquanto o clube ou pessoa jurídica original cumprir os pagamentos previstos nesta Seção, é vedada qualquer forma de constrição ao patrimônio ou às receitas, por penhora ou ordem de bloqueio de valores de qualquer natureza ou espécie sobre as suas receitas.

Art. 24. Superado o prazo estabelecido no art. 15 desta Lei, a Sociedade Anônima do Futebol responderá, nos limites estabelecidos no art. 9º desta Lei, subsidiariamente, pelo pagamento das obrigações civis e trabalhistas anteriores à sua constituição, salvo o disposto no art. 19 desta Lei.

Subseção II

Da Recuperação Judicial e Extrajudicial do Clube ou Pessoa Jurídica Original

Art. 25. O clube, ao optar pela alternativa do inciso II do **caput** do art. 13 desta Lei, e por exercer atividade econômica, é admitido como parte legítima para requerer a recuperação judicial ou extrajudicial, submetendo-se à Lei nº 11.101, de 9 de fevereiro de 2005.

Parágrafo único. Os contratos bilaterais, bem como os contratos de atletas profissionais vinculados ao clube ou pessoa jurídica original não se resolvem em razão do pedido de recuperação judicial e extrajudicial e poderão ser transferidos à Sociedade Anônima do Futebol no momento de sua constituição.

CAPÍTULO II

DISPOSIÇÕES ESPECIAIS

Seção I

Do Financiamento da Sociedade Anônima do Futebol

Art. 26. A Sociedade Anônima do Futebol poderá emitir debêntures, que serão denominadas "debêntures-fut", com as seguintes características:

I - remuneração por taxa de juros não inferior ao rendimento anualizado da caderneta de poupança, permitida a estipulação, cumulativa, de remuneração variável, vinculada ou referenciada às atividades ou ativos da Sociedade Anônima do Futebol;

II - prazo igual ou superior a 2 (dois) anos;

III - vedação à recompra da debênture-fut pela Sociedade Anônima do Futebol ou por parte a ela relacionada e à liquidação antecipada por meio de resgate ou pré-pagamento, salvo na forma a ser regulamentada pela Comissão de Valores Mobiliários;

IV - pagamento periódico de rendimentos;

V - registro das debênture-fut em sistema de registro devidamente autorizado pelo Banco Central do Brasil ou pela Comissão de Valores Mobiliários, nas suas respectivas áreas de competência.

§ 1º Os recursos captados por meio de debêntures-fut deverão ser alocados no desenvolvimento de atividades ou no pagamento de gastos, despesas ou dívidas relacionados às atividades típicas da Sociedade Anônima do Futebol previstas nesta Lei, bem como em seu estatuto social.

§ 2º (VETADO).

Art. 27. (VETADO).

Seção II

Do Programa de Desenvolvimento Educacional e Social (PDE)

Art. 28. A Sociedade Anônima do Futebol deverá instituir Programa de Desenvolvimento Educacional e Social (PDE), para, em convênio com instituição pública de ensino, promover medidas em prol do desenvolvimento da educação, por meio do futebol, e do futebol, por meio da educação.

§ 1º A Sociedade Anônima do Futebol poderá investir, no âmbito das obrigações do Plano de Desenvolvimento Educacional e Social, mas não exclusivamente:

I - na reforma ou construção de escola pública, bem como na manutenção de quadra ou campo destinado à prática do futebol;

II - na instituição de sistema de transporte dos alunos qualificados à participação no convênio, na hipótese de a quadra ou o campo não se localizar nas dependências da escola;

III - na alimentação dos alunos durante os períodos de recreação futebolística e de treinamento;

IV - na capacitação de ex-jogadores profissionais de futebol, para ministrar e conduzir as atividades no âmbito do convênio;

V - na contratação de profissionais auxiliares, especialmente de preparadores físicos, nutricionistas e psicólogos, para acompanhamento das atividades no âmbito do convênio;

VI - na aquisição de equipamentos, materiais e acessórios necessários à prática esportiva.

§ 2º Somente se habilitarão a participar do convênio alunos regularmente matriculados na instituição conveniada e que mantenham o nível de assiduidade às aulas regulares e o padrão de aproveitamento definidos no convênio.

§ 3º O Programa de Desenvolvimento Educacional e Social deverá oferecer, igualmente, oportunidade de participação às alunas matriculadas em escolas públicas, a fim de realizar o direito de meninas terem acesso ao esporte.

Art. 29. Além das obrigações constantes da Lei nº 9.615, de 24 de março de 1998, para as entidades de práticas desportivas formadoras de atletas e das disposições desta Seção, a

Sociedade Anônima do Futebol proporcionará ao atleta em formação que morar em alojamento por ela mantido:

I - instalações físicas certificadas pelos órgãos e autoridades competentes com relação à habitabilidade, à higiene, à salubridade e às medidas de prevenção e combate a incêndio e a desastres;

II - assistência de monitor responsável durante todo o dia;

III - convivência familiar;

IV - participação em atividades culturais e de lazer nos horários livres; e

V - assistência religiosa àqueles que desejarem, de acordo com suas crenças.

~~Art. 30. (VETADO).~~

Art. 30. É autorizado à Sociedade Anônima do Futebol e ao clube ou pessoa jurídica original captar recursos incentivados em todas as esferas de governo, inclusive os provenientes da Lei nº 11.438, de 29 de dezembro de 2006. (Promulgação partes vetadas)

Seção III

Do Regime de Tributação Específica do Futebol (TEF)

~~Art. 31. (VETADO).~~

Art. 31. A Sociedade Anônima do Futebol regularmente constituída nos termos desta Lei fica sujeita ao Regime de Tributação Específica do Futebol (TEF). (Promulgação partes vetadas)

§ 1º O regime referido no **caput** deste artigo implica o recolhimento mensal, mediante documento único de arrecadação, dos seguintes impostos e contribuições, a serem apurados seguindo o regime de caixa:

I - Imposto sobre a Renda das Pessoas Jurídicas (IRPJ);

II - Contribuição para os Programas de Integração Social e de Formação do Patrimônio do Servidor Público (Contribuição para o PIS/Pasep);

III - Contribuição Social sobre o Lucro Líquido (CSLL);

IV - Contribuição para o Financiamento da Seguridade Social (Cofins); e

V - contribuições previstas nos incisos I, II e III do **caput** e no § 6º do art. 22 da Lei nº 8.212, de 24 de julho de 1991.

§ 2º O recolhimento na forma deste artigo não exclui a incidência dos seguintes impostos ou contribuições, devidos na qualidade de contribuinte ou responsável, em relação aos quais será observada a legislação aplicável às demais pessoas jurídicas:

I - Imposto sobre Operações de Crédito, Câmbio e Seguro, ou Relativas a Títulos ou Valores Mobiliários (IOF);

II - Imposto de Renda relativo aos rendimentos ou ganhos líquidos auferidos em aplicações de renda fixa ou variável;

III - Imposto de Renda relativo aos ganhos de capital auferidos na alienação de bens do ativo imobilizado;

IV - contribuição para o Fundo de Garantia do Tempo de Serviço (FGTS);

V - Imposto de Renda relativo aos pagamentos ou créditos efetuados pela pessoa jurídica a pessoas físicas; e

VI - demais contribuições instituídas pela União, inclusive as contribuições compulsórias dos empregadores sobre a folha de salários, destinadas às entidades privadas de serviço social e de formação profissional vinculadas ao sistema sindical, de que trata o art. 240 da Constituição Federal, e demais entidades de serviço social autônomo.

§ 3º O pagamento mensal unificado deverá ser feito até o vigésimo dia do mês subsequente àquele em que houver sido recebida a receita.

~~Art. 32. (VETADO).~~

Art. 32. Nos 5 (cinco) primeiros anos-calendário da constituição da Sociedade Anônima do Futebol ficará ela sujeita ao pagamento mensal e unificado dos tributos referidos no § 1º do art. 31 desta Lei, à alíquota de 5% (cinco por cento) das receitas mensais recebidas. (Promulgação partes vetadas)

§ 1º Para fins do disposto no **caput** deste artigo, considera-se receita mensal a totalidade das receitas recebidas pela Sociedade Anônima do Futebol, inclusive aquelas referentes a prêmios e programas de sócio-torcedor, excetuadas as relativas à cessão dos direitos desportivos dos atletas.

§ 2º A partir do início do sexto ano-calendário da constituição da Sociedade Anônima do Futebol, o TEF incidirá à alíquota de 4% (quatro por cento) da receita mensal recebida, compreendidos os tributos referidos no § 1º do art. 31 desta Lei, inclusive as receitas relativas à cessão dos direitos desportivos dos atletas.

§ 3º O Ministério da Economia regulamentará a repartição da receita tributária de que trata este artigo, observadas as diretrizes de repartição de receitas tributárias estabelecidas pela Constituição Federal e pela legislação em vigor.

CAPÍTULO III

DISPOSIÇÕES FINAIS

Art. 33. O clube ou pessoa jurídica original com passivos tributários anteriores à constituição da Sociedade Anônima do Futebol não incluídos em programas de refinanciamento do governo federal poderão apresentar proposta de transação nos termos da Lei nº 13.988, de 14 de abril de 2020.

Parágrafo único. Na hipótese do **caput** deste artigo, a União, no juízo de oportunidade e conveniência prévio à celebração da transação, nos termos do § 1º do art. 1º da Lei nº 13.988, de 14 de abril de 2020, deverá levar em consideração a transformação do clube ou pessoa jurídica original em Sociedade Anônima do Futebol, priorizando a análise das propostas apresentadas, sem prejuízo do disposto no art. 3º da Lei nº 13.988, de 14 de abril de 2020.

Art. 34. O § 2º do art. 27 da Lei nº 9.615, de 24 de março de 1998, passa a vigorar com a seguinte redação:

"Art. 27. ....

....

§ 2º A entidade a que se refere este artigo poderá utilizar seus bens patrimoniais, desportivos ou sociais, inclusive imobiliários ou de propriedade intelectual, para integralizar sua parcela no capital de Sociedade Anônima do Futebol, ou oferecê-los em garantia, na forma de seu estatuto, ou, se omisso este, mediante aprovação de mais da metade dos associados presentes a assembleia geral especialmente convocada para deliberar o tema.

...." (NR)

Art. 35. O art. 971 da Lei nº 10.406, de 10 de janeiro de 2002 (Código Civil), passa a vigorar acrescido do seguinte parágrafo único:

"Art. 971. ....

Parágrafo único. Aplica-se o disposto no **caput** deste artigo à associação que desenvolva atividade futebolística em caráter habitual e profissional, caso em que, com a inscrição, será considerada empresária, para todos os efeitos." (NR)

Art. 36. Esta Lei entra em vigor na data de sua publicação.

Brasília, 6 de agosto de 2021; 200º da Independência e 133º da República.

JAIR MESSIAS BOLSONARO
Paulo Guedes
João Inácio Ribeiro Roma Neto

Este texto não substitui o publicado no DOU de 9.8.2021 e retificado no DOU de 21.10.2021

LEI Nº 14.193, DE 6 DE AGOSTO DE 2021

Institui a Sociedade Anônima do Futebol e dispõe sobre normas de constituição, governança, controle e transparência, meios de financiamento da atividade futebolística, tratamento dos passivos das entidades de práticas desportivas e regime tributário específico; e altera as Leis nºs 9.615, de 24 de março de 1998, e 10.406, de 10 de janeiro de 2002 (Código Civil).

O PRESIDENTE DA REPÚBLICA Faço saber que o Congresso Nacional decreta e eu promulgo, nos termos do parágrafo 5º do art. 66 da Constituição Federal, as seguintes partes vetadas da Lei nº 14.193, de 6 de agosto de 2021:

"Art. 30. É autorizado à Sociedade Anônima do Futebol e ao clube ou pessoa jurídica original captar recursos incentivados em todas as esferas de governo, inclusive os provenientes da Lei nº 11.438, de 29 de dezembro de 2006.

...."

"Art. 31. A Sociedade Anônima do Futebol regularmente constituída nos termos desta Lei fica sujeita ao Regime de Tributação Específica do Futebol (TEF).

§ 1º O regime referido no **caput** deste artigo implica o recolhimento mensal, mediante documento único de arrecadação, dos seguintes impostos e contribuições, a serem apurados seguindo o regime de caixa:

I – Imposto sobre a Renda das Pessoas Jurídicas (IRPJ);

II – Contribuição para os Programas de Integração Social e de Formação do Patrimônio do Servidor Público (Contribuição para o PIS/Pasep);

III – Contribuição Social sobre o Lucro Líquido (CSLL);

IV – Contribuição para o Financiamento da Seguridade Social (Cofins); e

V – contribuições previstas nos incisos I, II e III do **caput** e no § 6º do art. 22 da Lei nº 8.212, de 24 de julho de 1991.

§ 2º O recolhimento na forma deste artigo não exclui a incidência dos seguintes impostos ou contribuições, devidos na qualidade de contribuinte ou responsável, em relação aos quais será observada a legislação aplicável às demais pessoas jurídicas:

I – Imposto sobre Operações de Crédito, Câmbio e Seguro, ou Relativas a Títulos ou Valores Mobiliários (IOF);

II – Imposto de Renda relativo aos rendimentos ou ganhos líquidos auferidos em aplicações de renda fixa ou variável;

III – Imposto de Renda relativo aos ganhos de capital auferidos na alienação de bens do ativo imobilizado;

IV – contribuição para o Fundo de Garantia do Tempo de Serviço (FGTS);

V – Imposto de Renda relativo aos pagamentos ou créditos efetuados pela pessoa jurídica a pessoas físicas; e

VI – demais contribuições instituídas pela União, inclusive as contribuições compulsórias dos empregadores sobre a folha de salários, destinadas às entidades privadas de serviço social e de formação profissional vinculadas ao sistema sindical, de que trata o art. 240 da Constituição Federal, e demais entidades de serviço social autônomo.

§ 3º O pagamento mensal unificado deverá ser feito até o vigésimo dia do mês subsequente àquele em que houver sido recebida a receita."

"Art. 32. Nos 5 (cinco) primeiros anos-calendário da constituição da Sociedade Anônima do Futebol ficará ela sujeita ao pagamento mensal e unificado dos tributos referidos no § 1º do art. 31 desta Lei, à alíquota de 5% (cinco por cento) das receitas mensais recebidas.

§ 1º Para fins do disposto no **caput** deste artigo, considera-se receita mensal a totalidade das receitas recebidas pela Sociedade Anônima do Futebol, inclusive aquelas referentes a prêmios e programas de sócio-torcedor, excetuadas as relativas à cessão dos direitos desportivos dos atletas.

§ 2º A partir do início do sexto ano-calendário da constituição da Sociedade Anônima do Futebol, o TEF incidirá à alíquota de 4% (quatro por cento) da receita mensal recebida, compreendidos os tributos referidos no § 1º do art. 31 desta Lei, inclusive as receitas relativas à cessão dos direitos desportivos dos atletas.

§ 3º O Ministério da Economia regulamentará a repartição da receita tributária de que trata este artigo, observadas as diretrizes de repartição de receitas tributárias estabelecidas pela Constituição Federal e pela legislação em vigor."

Brasília, 5 de outubro de 2021; 200º da Independência e 133º da República.

JAIR MESSIAS BOLSONARO

Este texto não substitui o publicado no DOU de 6.10.2021 - Edição extra e retificado no DOU de 21.10.2021

ANEXO II
PL NO. 2978/23

SENADO FEDERAL

PROJETO DE LEI
N° 2978, DE 2023

Altera e acrescenta dispositivos à Lei nº 14.193, de 6 de agosto de 2021, a fim de aperfeiçoar a governança das Sociedades Anônimas do Futebol, resguardar os investidores e preservar os direitos dos clubes, dos profissionais do futebol e dos atletas em formação.

AUTORIA: Senador Rodrigo Pacheco (PSD/MG)

Página da matéria

PROJETO DE LEI Nº , de 2023

Altera e acrescenta dispositivos à Lei nº 14.193, de 6 de agosto de 2021, a fim de aperfeiçoar a governança das Sociedades Anônimas do Futebol, resguardar os investidores e preservar os direitos dos clubes, dos profissionais do futebol e dos atletas em formação.

Art. 1º Esta Lei altera e acrescenta dispositivos à Lei 14.193, de 6 de agosto de 2021, a fim de aperfeiçoar a governança das Sociedades Anônimas do Futebol, resguardar os investidores e preservar os direitos dos clubes, dos profissionais do futebol e dos atletas em formação.

Art. 2º A Lei nº 14.193, de 6 de agosto de 2021, passa a vigorar com as seguintes alterações:

"**Art. 1º** ....

....

§ 2º ....

....

IV – a exploração de direitos de propriedade intelectual, inclusive de terceiros, relacionados ao futebol;

....

VII – a participação em outras sociedades, como sócia quotista ou acionista, cujo objeto seja uma ou mais atividades mencionadas neste parágrafo.

...." (NR)

"**Art. 2º** ....

....

II – pela cisão do clube ou pessoa jurídica original, na forma do art. 229 da Lei nº 6.404, de 15 de dezembro de 1976, e consequente transferência do patrimônio cindido relacionado à prática do futebol para a Sociedade Anônima do Futebol;

III - ....; ou

IV – pela subscrição, pelo clube ou pessoa jurídica original, de todas as ações em que se divide o capital social fixado no estatuto, e integralização do capital subscrito com patrimônio relacionado à prática do futebol.

§ 1º Nas hipóteses dos incisos I, II e IV do *caput* deste artigo:

I – a Sociedade Anônima do Futebol sucede o clube nas relações com entidades de administração, bem como nas relações contratuais vigentes com atletas em formação, com atletas profissionais do futebol e com as demais pessoas vinculadas à atividade do futebol, cujos contratos forem expressamente transferidos nas modalidades previstas nos incisos II ou IV do *caput* deste artigo; e

....

§ 3º-A O clube ou pessoa jurídica original não poderá doar, ceder, trocar, dispor sob qualquer forma, transferir, vender ou alienar as ações de classe A, que apenas poderão ser convertidas em ações ordinárias comuns, caso em que as restrições contidas neste parágrafo deixarão de ser aplicáveis.

....

§ 7º A constituição da Sociedade Anônima do Futebol não implica a formação de grupo econômico entre ela e o clube ou pessoa jurídica original que a constituir. " (NR)

"**Art. 5º** ....

....

§ 6º Ao menos um membro do conselho de administração e um membro do conselho fiscal deverão ser independentes, conforme conceito estabelecido pela Comissão de Valores Mobiliários." (NR)

"**Art. 5º-A** O administrador residente ou domiciliado no exterior deverá, previamente à investidura no cargo, constituir representante residente no País, com poderes para, durante todo o prazo de gestão e, no mínimo, nos seis anos seguintes, receber citações, intimações ou convocações em quaisquer ações, processos administrativos ou procedimentos arbitrais ou judiciais, contra ele propostos".

"**Art. 8º** ....

....

V – as atas de assembleia geral, de reunião do conselho de administração, de reunião da diretoria e de reunião do conselho fiscal, sendo autorizada a publicação sem o conteúdo de matérias confidenciais ou que possam ser prejudiciais aos interesses das atividades da Sociedade Anônima do Futebol, observado que, nestes casos, a ata com conteúdo integral deverá ser transcrita no respectivo Livro Social, na forma do art. 100 da Lei 6.404, de 15 de dezembro de 1976;

VI – o nome de qualquer pessoa enquadrada no art. 6º desta Lei; e

VII - a sua composição acionária, com a indicação do nome, da quantidade de ações e do percentual detido por cada acionista.

...." (NR)

"**Art. 9º** A Sociedade Anônima do Futebol não responde pelas obrigações do clube ou da pessoa jurídica original que a constituiu, anteriores ou posteriores à data de sua constituição, exceto quanto às obrigações que lhe forem expressamente transferidas pelo clube ou pessoa jurídica original nos atos societários previstos nas hipóteses dos incisos II ou IV do art. 2º desta Lei.

Parágrafo único. Fica vedada a transferência, pelo clube ou pela pessoa jurídica original à Sociedade Anônima do Futebol, de qualquer direito ou obrigação que não tenha relação com o objeto social da Sociedade Anônima do Futebol". (NR)

"**Art. 10.** O clube ou pessoa jurídica original é exclusiva e integralmente responsável pelo pagamento das obrigações anteriores à constituição da Sociedade Anônima do Futebol, por meio de receitas próprias e das seguintes receitas provenientes da Sociedade Anônima do Futebol:

I – 20% (vinte por cento) dos valores mensais de qualquer natureza, exceto de natureza financeira, auferidos pela Sociedade Anônima do Futebol, conforme plano aprovado pelos credores, exclusivamente na hipótese de adoção do disposto no inciso I do *caput* do art. 13 desta Lei; e

II – 50% (cinquenta por cento) dos dividendos, dos juros sobre capital próprio e de qualquer outra remuneração ou contrapartida recebida pelo clube ou pessoa jurídica original da Sociedade Anônima do Futebol, na condição de acionista, vendedor, locador, arrendador, cedente de qualquer direito ou prestador de serviços para a Sociedade Anônima do Futebol.

§ 1º Enquanto o clube ou pessoa jurídica original permanecer acionista da Sociedade Anônima do Futebol e registrar em suas demonstrações financeiras obrigações anteriores à constituição da Sociedade Anônima do Futebol, esta deverá distribuir, como dividendo mínimo obrigatório, em cada exercício social, no mínimo 25% (vinte e cinco por cento) do lucro líquido ajustado conforme o art. 201 da Lei nº 6.404, de 15 de dezembro de 1976.

§ 2º Não integra a receita da Sociedade Anônima do Futebol o montante transferido para o clube ou pessoa jurídica original, na forma do inciso I deste artigo.

§ 3º O clube ou a pessoa jurídica original deverá destinar a integralidade das receitas e contrapartidas recebidas da Sociedade Anônima do Futebol, na forma dos incisos I e II do *caput* deste artigo, para pagamento de credores anteriores à constituição desta, até a integral liquidação de todas essas obrigações." (NR)

"**Art. 12.** É vedada qualquer forma de constrição ao patrimônio ou às receitas da Sociedade Anônima do Futebol, inclusive por penhora ou ordem de bloqueio de valores de qualquer natureza ou espécie, com relação às obrigações do clube ou da pessoa jurídica original, anteriores ou posteriores à constituição da Sociedade Anônima do Futebol." (NR)

"**Art. 14.** ....

....

§ 3º O Regime Centralizado de Execuções se destina apenas ao clube ou à pessoa jurídica original que tiver constituído a Sociedade Anônima do Futebol na forma dos incisos II ou IV do *caput* do art. 2º." (NR)

"**Art. 15.** ....

....

§ 3º O pagamento referido no *caput* deste artigo deverá ser feito mensalmente, com observância do disposto no inciso I do art. 10 desta Lei, exceto se o plano de credores dispuser de modo diverso.

§ 4º O pagamento mensal deverá equivaler a, no mínimo, a totalidade das receitas provenientes do disposto no inciso I do art. 10 desta Lei, podendo o plano de credores prever a destinação mensal obrigatória advinda de outras receitas do clube ou pessoa jurídica original." (NR)

"**Art. 20.** Ao credor, titular de crédito contra o clube ou pessoa jurídica original, é facultada a conversão, no todo ou em parte, de seu crédito, em ações de emissão da Sociedade Anônima do Futebol, desde que a conversão e os respectivos critérios sejam aprovados pela assembleia geral de acionistas da Sociedade Anônima do Futebol". (NR)

"**Art. 24.** Superado o prazo estabelecido no art. 15 desta Lei, a Sociedade Anônima do Futebol passará a responder subsidiariamente pelas execuções anteriores à sua constituição, que não tiverem sido satisfeitas no âmbito do Regime Centralizado de Execuções, nos limites estabelecidos no art. 10 desta Lei". (NR)

"**Art. 25** ....

§ 1º ....

§ 2º Deferido o processamento da recuperação judicial formulado pelo clube, será automaticamente extinto o Regime Centralizado de Execuções em curso, passando as execuções a se sujeitarem ao disposto na lei referida no *caput* deste artigo". (NR)

"**Art. 28.** A Sociedade Anônima do Futebol instituirá, no prazo máximo de 12 (doze) meses contados de sua constituição, Programa de Desenvolvimento Educacional (PDE) para, em convênio com instituição pública de ensino, promover medidas em prol do desenvolvimento da educação por meio do futebol, e do futebol por meio da educação.

....

§ 4º A Sociedade Anônima do Futebol que não instituir o PDE no prazo contido no *caput* deste artigo ou que não celebrar novo PDE no prazo de 6 (seis) meses contados do término do prazo ou da extinção de PDE anterior, deixará, a partir do ano-calendário imediatamente seguinte, de se sujeitar ao TEF, instituído na Seção III, Capítulo II, desta Lei.

§ 5º O Ministério da Fazenda regulamentará o disposto no §4º". (NR)

"**Art. 32.** ....

§ 1º Para fins do disposto exclusivamente no *caput* deste artigo, considera-se receita mensal a totalidade das receitas recebidas pela Sociedade Anônima do Futebol, inclusive as oriundas de prêmios e programas de sócio torcedor, excetuadas as relativas à cessão dos direitos desportivos dos atletas, que serão isentas durante o prazo ali previsto.

...." (NR)

Art. 3º Esta Lei entra em vigor na data de sua publicação.

JUSTIFICAÇÃO

Desde a entrada em vigor, a Lei nº 14.193, de agosto de 2021, que criou a Sociedade Anônima do Futebol, tem colaborado para a modernização do futebol, um de nossos principais ativos fenômenos socioculturais. Fruto do amadurecimento da discussão entre atletas profissionais e amadores, clubes, treinadores, torcedores, investidores, imprensa, além de inúmeros atores da sociedade brasileira, a legislação tem induzido mudanças na prática e na cultura desportiva, com incrementos no profissionalismo, aprimoramentos na governança e maior transparência na gestão do esporte.

Os efeitos têm sido demonstrados pela renovada confiança no futebol brasileiro, que viu surgir Sociedades Anônimas do Futebol (SAF) em várias regiões do país, atraindo vultosos investimentos para o país. Estamos no início desta transformação, que tem potencial de alçar o futebol a um patamar mais elevado.

Diante da experiência dos modelos de SAF adotados e das primeiras decisões judiciais, entendemos ser necessário propor alguns aperfeiçoamentos na legislação com os seguintes objetivos: i) dirimir dúvidas para atrair investimentos e permitir o desenvolvimento do futebol; ii) conciliar os interesses envolvidos e iii) reforçar a segurança jurídica dos contratos. As mudanças buscam aperfeiçoar a governança das entidades desportivas e resguardar os investidores, além de preservar os direitos dos clubes, dos profissionais do futebol e dos atletas em formação.

Entre as medidas, o projeto determina a criação do Conselho de Administração e do Conselho Fiscal, com a presença de membros independentes, seguindo as melhores práticas de governança e de transparência empresarial.

A proposta também visa a dirimir dúvidas em relação à não-responsabilização da Sociedade Anônima do Futebol ou pessoa jurídica original que a constituiu, pelas obrigações do clube, exceto em relação às obrigações que forem expressamente transferidas nos atos societários previstos nas hipóteses dos incisos II ou IV do art. 2º.

Para garantir transferências pela Sociedade Anônima do Futebol aos clubes, acrescemos a obrigação de que a SAF deverá distribuir aos acionistas, como dividendo mínimo obrigatório, em cada exercício social, pelo menos 25% do lucro líquido ajustado conforme o art. 201 da Lei nº 6.404, de 15 de dezembro de 1976.

O projeto também busca viabilizar instrumentos de conversão de créditos existentes contra os clubes ou pessoa jurídica original ao estabelecer os caminhos societários de aprovação, no âmbito da Assembleia geral de acionistas da SAF.

Propomos maior detalhamento das regras do Regime Centralizado de Execuções, disponível aos clubes que tiverem constituído Sociedades Anônimas do Futebol, com a previsão de pagamentos mensais, exceto se houver disposição diversa no plano dos credores.

As atualizações também buscam garantir o investimento na formação de jovens e atletas ao conferir prazo de doze meses à SAF, a partir de sua constituição, para a implementação do Programa de Desenvolvimento Educacional (PDE), em convênio com instituição de ensino, para promover políticas públicas em prol da educação por meio do futebol, sob pena de retirada do Regime de Tributação Específica do Futebol (TEF).

Demos passos importantes para o crescimento do esporte, e o aprendizado é permanente. Estou seguro de que as alterações propostas irão fortalecer ainda mais a competitividade do setor futebolístico nacional em relação a outros mercados, trazendo mais investimentos, gerando mais empregos e renda, equilibrando os interesses dos envolvidos e, por fim, contribuindo para ampliar a qualidade do espetáculo aos torcedores.

Sala das Sessões,

Senador RODRIGO PACHECO

REFERÊNCIAS

BEM, Leonardo Schmitt de; RAMOS, Rafael Teixeira. Direito Desportivo: tributo a Marcílio Krieger. São Paulo, Quartier Latin, 2009. 383 p.

CARLEZZO, Eduardo. Direito Desportivo Empresarial. São Paulo: Ed. Juarez de Oliveira, 2004. 288 p.

CATEB, Alexandre Bueno. Desporto profissional e direito de empresa: de acordo com Código Civil de 2002. São Paulo: Ed. Juarez de Oliveira, 2004. 208p.

MACHADO, Rubens Approbato et al [Coord.]. Curso de Direito Desportivo Sistêmico. São Paulo, Quartier Latin, 2007.

PERRUCI, Felipe Falcone. Clube-empresa: modelo brasileiro para transformação dos clubes de futebol em sociedades empresárias. Belo Horizonte: Editora D'Placido. 2017. 301 p.

PERRUCI, Felipe Falcone; SOUZA, Gustavo Lopes Pires de; SANTOS, Desirée Emmanuelle Gomes dos; RODRIGUES, Filipe Alves. [Orgs.] - Belo Horizonte: Ed. D'Plácido, 2017. 375 p.

PETTER, Eduardo Leardini; WAMBIER, Pedro Arruda Alvim. Considerações sobre o terceiro investidor (e o seu fim) no futebol. Revista Brasileira de Direito Desportivo, ano 14, volume 27, jan a jun/2015, pgs. 81/98.

RELOGIO, Luiz Paulo. Direito do Desporto. Lisboa: Imprensa Nacional, 2017. 683 p.

REZENDE, José Ricardo. Tratado de Direito Desportivo. São Paulo: All Print Editora, 2016. 746 p.

RODRIGUES, Sergio Santos; ROSIGNOLI, Mariana. Manual de Direito Desportivo. 3ª ed. São Paulo, LTr, 2021. 164 p.

SANTANGELO, Rafael Khaddour. Licenciamento de clubes da UEFA e fair play financeiro. Revista Brasileira de Direito Desportivo, ano 12, volume 23, jan a jun/2013, pgs. 399/410.

SIMONS, Rowan. Traves de Bambu. São Paulo: Ed. Record.

VEIGA, Maurício Corrêa da. Manual de direito do trabalho desportivo. 4. ed. São Paulo: LTr, 2022. 409 p.